CURSO
UNO
AVANZADO

Nuevas vistas

Cuaderno de práctica

HOLT, RINEHART AND WINSTON

A Harcourt Classroom Education Company

Austin • New York • Orlando • Atlanta • San Francisco • Boston • Dallas • Toronto • London

Contributing Writers:

Regina Fuentes
Jane Johnson
Rita Ricardo
Denise Rees Shereff
Yolanda Torres
Paula Camardella Twomey

Native Speaker Reviewers:

María Soledad Díaz
Fabio Andrés Martínez

Requests for permission to make copies of any part of the work should be mailed to the following address: Permissions Department, Holt, Rinehart and Winston, 10801 N. MoPac Expressway, Building 3, Austin, Texas 78759.

Cover Illustration Credit: Courtesy Alberto Gamino

Cover Photo Credit: Cristine Galida/HRW

Printed in the United States of America

ISBN 0-03-064389-9

22 23 1409 10 09

ÍNDICE

Colección 6 Tierra, sol y mar

Ampliación Hojas de práctica

Colección 1

Colección 2

Colección 3

Colección 4

Colección 5

Colección 6

Colecciones 1–6:

Actividades

COLECCIÓN 1

¡Viva la juventud!

«Mis primeros versos» • Rubén Darío

Vocabulario esencial

1. Escribe en los espacios en blanco la palabra del cuadro que mejor corresponde a las palabras subrayadas. Cambia la forma de la palabra si es necesario.

Palabras para escoger				
necedad	reclamación	entablar	carecer	interrogar
redactor	alabanzas	emplumar	amostazado	fatídico

_____ 1. El narrador envió sus versos al <u>editor</u> de *La Calavera* para que se publicaran.

_____ 2. Su mayor deseo era recibir <u>elogios</u> de la gente después de decirles que él era el autor.

_____ 3. Se decepcionó al ver que sus versos se habían publicado en el número 13 de *La Calavera,* número <u>de mala suerte</u>.

_____ 4. Él se encontró con un amigo con quien quiso <u>empezar</u> una conversación acerca del periódico.

_____ 5. Aunque <u>enojado</u> por la respuesta de Pepe, el narrador le pidió una opinión sobre los versos.

_____ 6. Después de escuchar que sus versos no podían ser peores, el narrador les siguió <u>preguntando</u> a otras personas para ver si pensaban lo mismo.

_____ 7. La respuesta que le dieron fue que esos versos eran <u>tonterías</u>.

_____ 8. Y además, las personas pensaban que el público debería <u>castigar</u> al autor.

_____ 9. El narrador concluyó que las personas <u>no tenían</u> los conocimientos necesarios para juzgar sus versos.

_____ 10. Fue peor escuchar que el periódico había recibido muchas <u>quejas</u> por la publicación de sus versos.

«Mis primeros versos»

Comprensión del texto

2. Piensa en seis momentos claves del relato. En los siguientes cuadros usa palabras o dibujos para contar lo que pasó.

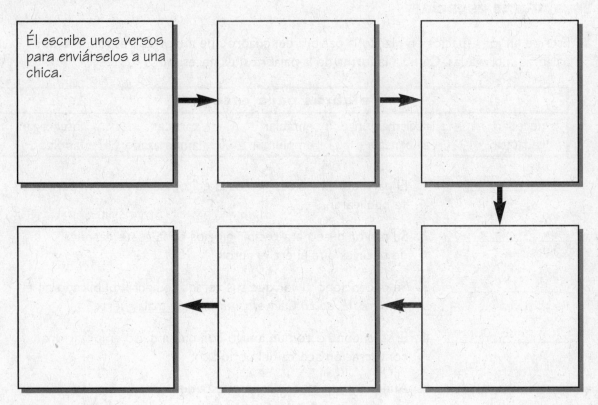

Él escribe unos versos para enviárselos a una chica.

Análisis del texto

3. Contesta las siguientes preguntas con oraciones completas.

1. El conflicto es el elemento central de un cuento, un drama o una novela. Es la lucha que un personaje enfrenta con otro personaje, consigo mismo o con algo a su alrededor. En dos o tres oraciones, describe el conflicto que se establece en «Mis primeros versos».

_____

_____

_____

2. El suspenso es la incertidumbre que siente el lector sobre lo que puede ocurrir en una historia. En tu opinión, ¿en qué momento ocurre el suspenso en «Mis primeros versos»?

_____

_____

_____

«Primero de secundaria» • Gary Soto

Vocabulario esencial

1. Busca la definición que corresponde a cada una de las palabras.

_____ **1.** recorrer

_____ **2.** aprieto

_____ **3.** debilitado

_____ **4.** rabillo del ojo

_____ **5.** corpulento

_____ **6.** disimular

a. que no tiene suficiente fuerza física o moral

b. ángulo externo del ojo

c. ocultar, encubrir algo que uno siente

d. atravesar

e. que tiene el cuerpo de gran tamaño

f. conflicto, apuro

2. Para cada una de las siguientes palabras, busca en un diccionario otra palabra que exprese la misma idea. Luego escribe una oración original usando la palabra del **Vocabulario esencial.**

MODELO jirón

Palabra similar: **pedazo**

Oración: **El perro le dio una mordida a la pelota y le arrancó un jirón.**

1. escudriñar   Palabra similar: _____

Oración: _____

2. pulular   Palabra similar: _____

Oración: _____

3. fingir   Palabra similar: _____

Oración: _____

4. fajo   Palabra similar: _____

Oración: _____

5. optativo   Palabra similar: _____

Oración: _____

6. susurrar   Palabra similar: _____

Oración: _____

COLECCIÓN I • LECTURA

«Primero de secundaria»

Comprensión del texto

3. Cuando el escritor le cuenta directamente al lector cómo es un personaje, entonces se dice que está usando la caracterización directa. Otra forma de caracterización es la indirecta, que incluye las siguientes técnicas: (1) mostrar al personaje en acción; (2) utilizar las palabras del personaje en el diálogo; (3) describir la apariencia física del personaje; (4) revelar pensamientos y sentimientos del personaje; (5) mostrar las reacciones de otras personas al personaje.

En el óvalo del centro describe al personaje de Víctor en tus propias palabras. En los demás óvalos da ejemplos de la lectura que reflejen la caracterización de Víctor, ya sea directa o indirecta.

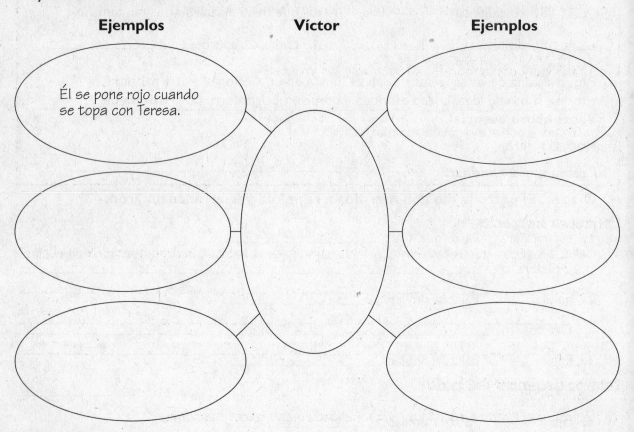

Ejemplos   Víctor   Ejemplos

Él se pone rojo cuando se topa con Teresa.

Análisis del texto

4. Un conflicto interno es la lucha que un personaje enfrenta consigo mismo. Describe el conflicto interno que Víctor tiene que superar para estar con Teresa.

_____

_____

_____

Nuevas vistas Curso avanzado I

A leer por tu cuenta

«Un cuentecillo triste» • Gabriel García Márquez

Crea significados

Repaso del texto

a. ¿Por qué decide el joven poner un aviso en la sección de clasificados?

_____

b. ¿Por qué decide el joven salir con la mujer que le escribió la carta?

_____

c. ¿Cuándo y dónde deciden encontrarse los jóvenes?

_____

d. ¿Cómo reconoce el joven a la muchacha?

_____

Primeras impresiones

1. ¿Cómo reaccionaste cuando leíste que los personajes se habían quedado dormidos en el cine?

_____

_____

_____

Interpretaciones del texto

2. ¿Cómo es el joven? Describe su personalidad en dos o tres oraciones.

_____

_____

_____

3. ¿Qué razones crees que tienen los personajes para guardar silencio?

_____

_____

_____

_____

«Un cuentecillo triste»

Conexiones con el texto

4. Cuando la muchacha está hojeando la revista, el joven se encuentra «en medio de un profundo silencio sin salida, eterno, definitivo». ¿Has tenido alguna vez una experiencia similar con una persona que acabas de conocer? Explica tu respuesta.

_____

_____

_____

Preguntas al texto

5. ¿Crees que los personajes se pondrán de acuerdo para encontrarse el próximo domingo? ¿Por qué?

_____

_____

6. ¿Crees que el título «Un cuentecillo triste» es apropiado para esta narración? ¿Qué título le habrías puesto tú? Explica tu respuesta.

_____

_____

_____

Vocabulario en contexto

1. Busca la definición que corresponde a cada una de las palabras.

_____ **1.** facciones   **a.** que causa o da miedo

_____ **2.** displicentemente   **b.** que está o va delante

_____ **3.** temido   **c.** estar próximo a suceder

_____ **4.** aproximarse   **d.** las partes del rostro humano

_____ **5.** delantero   **e.** con una falta de interés y entusiasmo

_____ **6.** bostezar   **f.** encogerse

_____ **7.** acurrucarse   **g.** aspirar y espirar lenta y profundamente como indicio de aburrimiento o de sueño

«Un cuentecillo triste»

Comprensión del texto

2. Completa el cuadro con ejemplos de la lectura que corresponden a los siguientes elementos literarios. Puedes consultar el GLOSARIO DE TÉRMINOS LITERARIOS en las páginas R6–R13 de tu libro de texto si es necesario.

Definiciones	Ejemplos de «Un cuentecillo triste»
Ambiente: Tiempo y lugar en que se desarrolla la acción de una narración.	
Caracterización: El conjunto de técnicas que utiliza un escritor para crear los personajes de una obra literaria.	
Conflicto: El elemento central de un cuento, un drama o una novela. Es la lucha que un personaje enfrenta con otro personaje, consigo mismo o con algo a su alrededor.	
Suspenso: La incertidumbre que siente el lector sobre lo que puede ocurrir en una historia.	
Tema: La idea principal de una obra literaria.	

Análisis del texto

3. Contesta las siguientes preguntas con oraciones completas.

1. En tu opinión, ¿cuál de los elementos literarios es el factor más importante de un cuento: ambiente, caracterización, conflicto, suspenso o tema? ¿Por qué?

_____

_____

_____

2. ¿Cuál de esos elementos es el más importante en «Un cuentecillo triste»? ¿Por qué?

_____

_____

_____

Vocabulario esencial

1. Escribe en los espacios en blanco el personaje de «Mis primeros versos» que mejor corresponde a cada una de las descripciones.

Personajes: el narrador, Pepe, el redactor, el público

_____ **1.** Expresó todas las amarguras de su alma en unos versos.

_____ **2.** Recibió tantas reclamaciones que se arrepintió de haber publicado las estrofas.

_____ **3.** Sintió que le habían dado un buen pisotón.

_____ **4.** Como el tiempo era escaso, decidió llenar con los versos la media columna que le faltaba.

_____ **5.** Carece de los estudios necesarios para poder juzgar la literatura.

_____ **6.** Es un infame por haber dicho que los versos no podían ser peores.

2. Primero completa las oraciones con la palabra que falta. Cambia la forma de la palabra si es necesario. Luego numera las oraciones de 1 a 7 en el orden en que ocurrieron en «Primero de secundaria».

Palabras para escoger			
amontonarse	debilitado	fajo	tararear
balbucear	escudriñar	jirón	toparse

_____ **a.** El señor Bueller le pidió a Víctor que hablara más fuerte y Víctor

_____: —_Francé oh sisí gagá en septiembré._

_____ **b.** Los alumnos _____ en la puerta cuando sonó la campana de la

primera clase.

_____ **c.** El señor Bueller sonrió y _____ al mismo tiempo que se sentaba

a trabajar.

_____ **d.** Víctor _____ con su amigo Miguel Torres junto a la fuente de agua.

_____ **e.** Durante el recreo, Víctor _____ el horizonte en busca de Teresa.

_____ **f.** El primer día de clases, Víctor recibió un _____ de papeles.

_____ **g.** Víctor estaba demasiado _____ por su fracaso como para parti-

cipar con el resto de la clase. Estaba tan avergonzado que se mordió el pulgar

hasta arrancarse un _____ de piel.

Vocabulario esencial

Mejora tu vocabulario

3. Repasa la tabla de prefijos en la página 35 de tu libro de texto. Para cada palabra, subraya el prefijo y luego explica el significado de la palabra. Consulta un diccionario para ver si acertaste en tu interpretación.

MODELO <u>in</u>separable

Algo que no se puede separar.

I. precolombino

_____

2. injusto

_____

3. reorganizar

_____

4. expresidente

_____

5. intercontinental

_____

4. Repasa la tabla de sufijos en la página 36 de tu libro de texto. Usando el contexto de cada oración, forma nuevas palabras al combinar las palabras subrayadas con los sufijos dados.

Sufijos: -able, -ado, -ante, -dor, -ero, -ión, -ista

MODELO Una persona que hace, compone o vende <u>zapatos</u> es un **zapatero**.

I. A Tomás le encanta <u>coleccionar</u> estampillas. Él es _____.

2. A su madre le gustaba <u>guisar</u>. Ese día preparó un _____ maravilloso.

3. El señor Ruiz reparte las <u>cartas</u> del correo. Él es _____.

4. Ana tiene mucha facilidad para hacer <u>amigos</u>. Ella es _____.

5. A Mario le gusta <u>cantar</u>. Algún día quiere ser _____.

6. Con su cara <u>expresaba</u> mucha tristeza. Tenía una _____ de desconsuelo.

7. A Óscar le importa mucho <u>ganar</u>. Él siempre quiere ser el _____.

Nombre _____ Clase _____ Fecha _____

Gramática

• •

Los sustantivos

1. Escribe el artículo definido que corresponde a cada sustantivo y señala los rasgos que indican su género, si los hay.

MODELO telegrama

el telegrama; Es masculino porque es de origen griego que termina en -ma.

1. paisaje

_____

2. murciélago

_____

3. tinta

_____

4. razón

_____

5. costumbre

_____

6. abrelatas

_____

7. reclamación

_____

8. crucigrama

_____

2. Escribe en los espacios en blanco el artículo definido que corresponde a cada sustantivo.

MODELO **el** árbol

1. _____ rubí   **4.** _____ alfiler   **7.** _____ pared

2. _____ voz   **5.** _____ catedral   **8.** _____ ingrediente

3. _____ molde   **6.** _____ espíritu   **9.** _____ tranvía

             Nuevas vistas Curso avanzado 1

Gramática

3. Completa las oraciones con el artículo definido que corresponde a cada sustantivo.

I. Desde (el/la) frente llegó (un/una) mensaje para el General Vásquez.

2. (El/La) cólera de (los/las) trabajadores se manifestó en una huelga.

3. Claudia, una espía, recibió (el/la) orden de viajar (al/a la) capital lo más pronto posible.

4. Antonio, (el/la) guía, nos llevó (al/a la) parte más interesante del museo.

5. Aún hoy en día, (el/la) maíz es uno de (los/las) alimentos básicos en Latinoamérica.

6. Don Felipe, (el/la) policía, le regaló a su esposa (los/las) pendientes de oro que ella había visto en (el/la) vitrina.

7. Mis padres todavía conservan (el/la) tocadiscos que recibieron el día de su boda.

8. (El/La) héroe subió (al/a la) torre para rescatar a la princesa.

9. (El/La) estudiante venezolana está interesada en aprender más sobre (el/la) lenguaje de (los/las) delfines.

10. Raúl, (el/la) piloto, se dio cuenta que se le había olvidado (el/la) paracaídas.

Los artículos definidos e indefinidos

4. Completa las oraciones con el artículo definido. Si no se necesita ninguno, escribe una **X**.

I. Andrés, ¿encontraste _____ llave que necesitabas?

2. Hoy recibí _____ regalo que me mandó mi hermano.

3. _____ globos para la fiesta están escondidos en _____ armario.

4. _____ señora Fajardo es _____ nueva directora de _____ escuela.

5. _____ Señor García, ¿tiene usted _____ hora?

6. Mañana quiero comprar _____ dos boletos para _____ teatro.

7. Se necesitan _____ voluntarios para establecer _____ programas de reciclaje en nuestra comunidad.

8. _____ reciclaje de periódicos y plásticos ayuda a mejorar _____ medio ambiente.

Gramática

• •

5. Completa las oraciones con el artículo indefinido. Si no se necesita ninguno, escribe una **X**.

1. ¡Qué calor! Se me antoja tomarme _____ limonada.

2. Este verano César va a ir a Europa con _____ amigos.

3. ¿Tienes _____ harina para hacer _____ pastel?

4. Anoche nos comimos _____ empanadas deliciosas.

5. Tania se fue al centro comercial para comprarse _____ vestido.

6. Gloria y Virginia quieren ir a _____ restaurante chino.

7. Necesito comprar _____ queso y _____ jamón para el almuerzo.

8. Préstame _____ pluma. Quiero dejarle _____ nota a Felipe.

6. Completa los párrafos con el artículo definido o indefinido. Si no se necesita ninguno, escribe una **X**.

El rey del bosque tropical

1. _____ jaguar es 2. _____ felino más grande de Norte y Sudamérica.

3. _____ macho de gran tamaño puede llegar a pesar 4. _____ 200 libras. Su capacidad para escalar y nadar, y su constitución pequeña pero robusta hacen del jaguar 5. _____ de 6. _____ predadores más peligrosos de 7. _____ tierra.

8. _____ nombre *jaguar* proviene del idioma tupí de 9. _____ región del Amazonas. 10. _____ tupí llamaban a este animal *yaguar* o «bestia que mata de 11. _____ salto a su presa». 12. _____ jabalíes, 13. _____ venados, 14. _____ monos, 15. _____ peces y 16. _____ tortugas son 17. _____ presas del jaguar. 18. _____ jaguar habita en 19. _____ bosques densos y pantanos. Es verdaderamente 20. _____ rey del bosque tropical.

Gramática

• •

Los adjetivos

7. Escribe las oraciones de nuevo, cambiando los sustantivos a la forma plural. Haz cualquier otro cambio que sea necesario.

I. El señor es un banquero japonés.

_____

2. La profesora de matemáticas es muy estricta y antipática.

_____

3. El estudiante tiene una clase muy aburrida.

_____

4. Cuando él era niño, vivía en una casa blanca.

_____

5. El joven fue muy cortés con su padre.

_____

8. Escribe las oraciones de nuevo, cambiando los sustantivos a la forma singular. Haz cualquier otro cambio que sea necesario.

I. Los lápices rojos son para los músicos.

_____

2. Los adolescentes se sentaron en las bancas para descansar.

_____

3. Las niñas construyeron unos castillos de arena en la playa.

_____

4. Las águilas vuelan hacia las montañas más altas.

_____

5. Los dentistas de esta clínica no trabajan los lunes.

_____

_____

COLECCIÓN I • GRAMÁTICA

Gramática

9. Escribe la forma correcta del adjetivo en la mejor posición.

I. A mi mamá le encantaron las _____ rosas _____. (rojo)

2. Mi abuelito Genaro es un _____ hombre _____. (alto)

3. Susana va a hacer su _____ viaje _____ a Venezuela. (estudiantil)

4. Al _____ niño _____ le regalaron un _____ perro _____. (rubio, chihuahua)

5. El _____ juguete _____ de Tomás es la _____ pelota _____. (favorito, azul)

6. ¿Cuál es la _____ idea _____ de este _____ ensayo _____? (principal, histórico)

7. El _____ novelista _____ recibió su _____ premio _____. (distinguido, primero)

8. Según mi tío José, el _____ candidato _____ es un _____ hombre _____. (presidencial, dinámico)

10. Escribe el adjetivo antes o después del sustantivo para darle el significado de la expresión entre paréntesis. Cambia la forma del adjetivo si es necesario.

I. grande San Francisco es una _____ ciudad _____, ¿no crees?
(muy poblada y de gran tamaño)

2. viejo El señor Acosta es un _____ amigo _____ de mi papá.
(lo conoce desde hace mucho tiempo)

3. nuevo Jorge se compró un _____ coche _____.
(otro)

4. puro El testigo juró decir la _____ verdad _____.
(toda la verdad, sin mentir)

5. único Paula es la _____ contadora _____ que sabe hablar italiano.
(sólo ella y nadie más)

Gramática

11. Completa las oraciones con la frase que tenga el significado de la expresión entre paréntesis.

1. Doña Lupe siempre compra (cierta cantidad/una cantidad cierta) de legumbres. **(específica)**

2. El (pobre niño/niño pobre) no tiene a nadie con quien jugar. **(desafortunado)**

3. (La misma directora/La directora misma) de la universidad me invitó a tomar un café. **(ella y no otra persona)**

4. (Una sola persona/Una persona sola) puede ganarse el premio. **(no más de una persona)**

5. Frida Kahlo nació en la (bella ciudad/ciudad bella) de Coyoacán, México, en 1907. **(sólo hay un Coyoacán y es bello)**

12. Escribe oraciones usando los adjetivos según el contexto dado.

1. pobre (que no tiene dinero)

   _____

2. pobre (desafortunado)

   _____

3. gran (magnífico, fantástico)

   _____

4. grande (de gran tamaño)

   _____

5. viejo (que tiene muchos años)

   _____

6. viejo (que se conoce desde hace mucho tiempo)

   _____

7. único (incomparable, extraordinario)

   _____

8. único (sólo uno)

   _____

Comparación y contraste

Los artículos definidos e indefinidos

13. Completa las oraciones con la palabra correcta. Si no se necesita ninguna palabra adicional, escribe una **X**.

I. El consejero me dijo que (los/X) celos pueden destruir un matrimonio.

2. (La/X) pobreza existe en todas partes del mundo.

3. Mi papá descansa (los/X) domingos por la tarde.

4. Ponte (tu/el) traje ahorita o vas a llegar tarde (al/a la) entrevista.

5. No pude jugar al fútbol porque me dolían (mis/las) piernas.

6. (La/X) profesora Márquez es muy interesante. Ella es (la/X) arqueóloga.

7. Siempre me ha interesado (la/X) arquitectura.

8. Si te duelen (tus/los) ojos, tal vez necesites lentes.

14. Completa las oraciones con el artículo definido o indefinido. Si no se necesita ninguno, escribe una **X**.

I. El papá de Luis Ramos es _____ juez.

2. Yo he escuchado que el papá de Luis Ramos es _____ juez justo.

3. _____ café ya está servido en la mesa.

4. Clarita, ¿vas a tomar _____ café con nosotras?

5. _____ libros de arte son muy interesantes.

6. Le regalé _____ libro a la señora Díaz porque ella toma clases de arte.

7. El profesor Rivera es _____ pianista.

8. Los estudiantes piensan que el profesor Rivera es _____ pianista de mucho talento.

15. Traduce las oraciones al español.

I. I want to play volleyball, but my shoulder hurts.

_____

2. What's more important, money or happiness?

_____

3. I left my wallet on the kitchen table.

_____

Comparación y contraste

• •

4. The man with the green tie is a doctor.

_____

5. But the woman with black hair is a famous doctor.

_____

6. Anthropology is an interesting career.

_____

7. That word doesn't exist in English.

_____

8. Mrs. Morales fell down and hurt her knee.

_____

16. Escribe tres oraciones usando el artículo definido con sustantivos que se refieren a ideas o conceptos.

MODELO   **El español es una lengua romance.**

1. _____

2. _____

3. _____

Ahora, escribe tres oraciones usando el artículo definido con los sustantivos que se refieren a las partes del cuerpo y las prendas de vestir.

MODELO   **Me duele el estómago.**

4. _____

5. _____

6. _____

Escribe tres oraciones expresando la profesión, oficio o nacionalidad de tres personas que conoces.

MODELO   **Mi mamá es contadora.**

7. _____

8. _____

9. _____

Ortografía

....

Letra y sonido

1. Busca la definición que corresponde a cada una de las palabras.

_____ 1. ¡ay!   **a.** parte del cuerpo de algunos animales que sirve para volar

_____ 2. asta   **b.** pasar ligeramente las hojas de un texto

_____ 3. ¡hala!   **c.** llevar preso

_____ 4. aprender   **d.** suspiro o quejido que expresa dolor

_____ 5. hay   **e.** dirigir la mirada hacia algún sitio

_____ 6. hojear   **f.** palo de la bandera

_____ 7. ala   **g.** expresión que se usa para darle prisa a alguien

_____ 8. ojear   **h.** preposición que expresa el término con relación al espacio, al tiempo y a la cantidad

_____ 9. aprehender   **i.** adquirir el conocimiento de alguna cosa

_____10. hasta   **j.** forma del verbo *haber*

2. Completa las oraciones con **ll** o **y**.

1. La ma____oría de la gente empezó a ____orar durante la película.

2. Pedrito salió corriendo detrás de la ardi____a.

3. Sofía, después de clases, te invito a un helado de vaini____a, ¿sí?

4. La abuelita de Jaime nos contó una le____enda durante el desa____uno.

5. —Oye Marco, ¿ ____a estás bien de la rodi____a?

   —No, el doctor me tuvo que poner un ____eso.

6. Gloria es muy ca____ada. ¿Crees que quiera hacer el pro____ecto conmigo?

7. El si____ón está ____eno de migajas. ¿Quién comió ga____etas?

8. El caba____o destru____ó las plantas que estaban cerca del arro____o.

9. Voy a ____evarme estos co____ares de oro.

10. Caminemos por la ori____a del mar antes de que ____ueva.

Ortografía

3. Completa el párrafo con **h** (si es necesario), **ll** o **y**.

I. ___abía una vez un **2.** ___ombre que **3.** ___uía de la **4.** le___. Un día, **5.** ___egó a una

6. ___acienda abandonada que se encontraba en el **7.** va___e. Él tenía una **8.** ___erida en el

9. ___ombro y estaba **10.** ex___austo de tanto caminar. Decidió acercarse a la puerta

porque tenía **11.** ___ambre. Se **12.** maravi___ó al encontrar una **13.** ___ave de

14. ___ierro en el piso. Abrió la puerta y entró a la cocina donde sólo **15.** ___abía una

16. o___a, algunas **17.** zana___orias y **18.** cebo___as podridas.

La acentuación

4. Completa las oraciones con la palabra correcta.

I. No (se/sé) el nombre de su amigo ni su dirección.

2. Me dijeron que a (el/él) le interesaba el trabajo.

3. (Aun/Aún) cuando se encuentra muy ocupada, la profesora Núñez tiene tiempo para sus estudiantes.

4. Llegó el correo pero no hay nada para (mi/mí).

5. Pídele que te (de/dé) una explicación por su mala conducta.

6. En clase Elisa siempre habla (mas/más) que sus compañeros.

7. ¿(Tu/Tú) hermano no viene esta tarde? ¡Qué lástima!

8. ¿A qué hora suelen tomar el (te/té) en Inglaterra?

9. Es difícil saber (si/sí) a Federico le gustó el regalo o no.

10. ¿Qué sabes de Armando? ¿(Aun/Aún) sigue trabajando con su padre?

11. Pregúntale a Mónica (donde/dónde) está la receta del flan.

12. (Cuando/Cuándo) leo por la noche, me da mucho sueño.

13. Tania me dijo (que/qué) sí podía ir conmigo a la fiesta.

14. Hoy fue un día (como/cómo) cualquier otro.

15. No sé a (quien/quién) pedirle la cámara para tomar fotos.

Ortografía

• •

5. Escribe oraciones usando las siguientes palabras.

1. mi

_____

2. dé

_____

3. él

_____

4. si

_____

5. se

_____

6. cuánto

_____

7. quien

_____

8. cuando

_____

9. cómo

_____

COLECCIÓN 2

Habla con los animales

«La guerra de los yacarés» • Horacio Quiroga

Vocabulario esencial

1. Contesta las preguntas con oraciones completas, usando uno de los verbos del cuadro.

Palabras para escoger				
atarse	clavar	estorbar	hundirse	oscurecer
reducir	reventar	emprender	navegar	zambullir

1. ¿Qué hicieron los pequeños yacarés cuando se les dijo que el ruido era de una ballena?

_____

2. Espantados por el *chas-chas-chas* en el agua, ¿qué hicieron los yacarés?

_____

3. ¿Qué hacía el vapor de ruedas por el río?

_____

4. El vapor también hacía ruido y largaba mucho humo. ¿Qué efecto tenía el humo?

_____

5. Después de cortar los árboles para hacer el dique, ¿qué hicieron los yacarés con la madera?

_____

6. ¿Por qué se enojaron los hombres al ver el dique construido por los yacarés?

_____

7. ¿Qué efecto tuvo la granada que lanzaron los hombres?

_____

8. ¿Qué sabía hacer el Surubí con el torpedo?

_____

9. ¿Qué hicieron los yacarés para formarse en una cadena larga?

_____

10. ¿Qué hicieron los yacarés después de que el Surubí se prendió de la cola del último yacaré?

_____

«La guerra de los yacarés»

Comprensión del texto

2. Completa el cuadro con ejemplos de la lectura que corresponden a los siguientes elementos literarios. Puedes consultar el GLOSARIO DE TÉRMINOS LITERARIOS en las páginas R6–R13 de tu libro de texto si es necesario.

Definiciones	Ejemplos de «La guerra de los yacarés»
Exposición: La situación básica que se presenta al principio de un cuento, un drama o una novela.	
Conflicto: El elemento central de un cuento, un drama o una novela. Es la lucha que un personaje enfrenta con otro personaje, consigo mismo o con algo a su alrededor.	
Clímax: El momento culminante de un cuento, un drama o una novela que determina su desenlace.	
Desenlace: El momento de un cuento, un drama o una novela en el que se resuelven los conflictos.	

Análisis del texto

3. Contesta las siguientes preguntas con oraciones completas.

1. ¿Cuál es uno de los temas principales de «La guerra de los yacarés»?

_____

_____

_____

2. ¿Por qué crees que Quiroga usa la personificación en este cuento?

_____

_____

Nuevas vistas Curso avanzado 1

de *Platero y yo* • Juan Ramón Jiménez

Vocabulario esencial

1. Escribe dos oraciones completas. En la primera, identifica qué o quién se describe en la expresión poética de *Platero y yo*. En la segunda, expresa la idea en tus propias palabras. Vuelve a la lectura si es necesario.

MODELO   todo de algodón

> **Describe a Platero. El burro es muy suave.**

I. espejos de azabache

_____

_____

2. rosas, celestes y gualdas

_____

_____

3. en no sé qué cascabeleo ideal

_____

_____

4. acero y plata de luna

_____

_____

5. alborozo idílico

_____

_____

6. hilos de oro y plata

_____

_____

COLECCIÓN 2 • LECTURA

de *Platero y yo*

. . . .

Comprensión del texto

2. En el siguiente círculo, escribe por lo menos dos palabras o expresiones de *Platero y yo* que se relacionen con cada uno de los cinco sentidos.

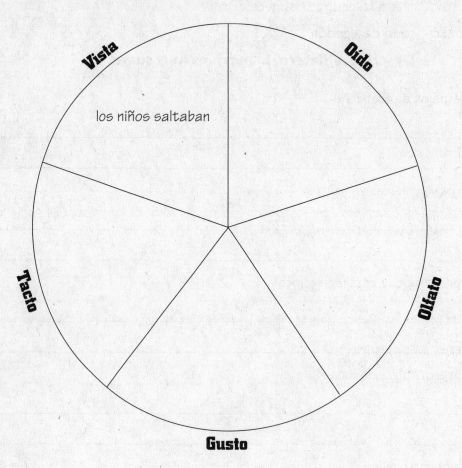

Vista

Oído

Olfato

Gusto

Tacto

los niños saltaban

Análisis del texto

3. Contesta las siguientes preguntas con dos o tres oraciones.

1. En *Platero y yo*, Jiménez emplea diferentes imágenes de la naturaleza. ¿Por qué recurre tanto a este tipo de descripciones?

_____

_____

2. Jiménez emplea el punto de vista en primera persona para narrar *Platero y yo*. ¿Cómo sería el relato si Platero fuera el narrador?

_____

_____

Nuevas vistas Curso avanzado 1

A leer por tu cuenta

de *Me llamo Rigoberta Menchú* • Rigoberta Menchú

Crea significados

Repaso del texto

a. ¿Quién es la narradora de esta lectura?

_____

b. En el primer párrafo la narradora dice que el nahual tiene cuatro representaciones. ¿Cuáles son?

_____

c. Según la lectura, ¿por qué los padres no les dicen a los niños cuál es su nahual hasta que los niños sean más grandes?

_____

_____

Primeras impresiones

1. Si tuvieras un nahual, ¿qué animal sería? ¿Por qué?

_____

_____

Interpretaciones del texto

2. ¿Por qué crees que Menchú dice que el nahual del martes (el torito) no es un buen nahual?

_____

_____

_____

3. ¿Por qué dice Menchú que «los días más humildes son el día miércoles, el lunes, el sábado y el domingo»?

_____

_____

_____

Nuevas vistas Curso avanzado 1

de *Me llamo Rigoberta Menchú*

Conexiones con el texto

4. Menchú dice que muchas veces uno se encariña con cierto animal. ¿Te has encariñado con un animal? ¿Cuál? ¿Por qué?

_____

_____

5. ¿Tiene tu cultura alguna costumbre parecida a la del nahual? Explica.

_____

_____

Más allá del texto

6. Al final de la narración, Menchú dice que el nahual es un secreto que guardan dentro de su propia cultura, «que nadie nos puede quitar». ¿Por qué crees que lo dice? ¿Qué implica esta cita en cuanto a las relaciones entre su cultura y otras culturas?

_____

_____

_____

Vocabulario en contexto

1. Completa las oraciones con la palabra que falta. Cambia la forma de la palabra si es necesario.

Palabras para escoger
aislado   aprovechar   discriminado   encapricharse   garantizar   paralelamente

I. En esta cultura indígena el niño y su nahual viven _____.

2. Menchú dice que muchas veces un niño se puede _____ de su mismo nahual.

3. Además, los niños pueden _____ al saber cuál es su nahual antes de que

sean adultos.

4. Según Menchú, los indígenas guardan sus secretos y por eso, son _____.

5. Hay una constante relación entre el hombre y el animal. Por lo tanto, el hombre no está

_____.

6. Los indígenas quieren _____ que sus tradiciones y costumbres continúen.

COLECCIÓN 2 • LECTURA

de *Me llamo Rigoberta Menchú*

• •

2. Escribe cuatro oraciones originales usando las **Palabras para escoger** en la página anterior.

1. _____

2. _____

3. _____

4. _____

Comprensión del texto

3. En «El nahual», la narradora describe algunas de las creencias y tradiciones culturales de su gente y también expresa su punto de vista o su opinión sobre el nahual. Completa el cuadro con tres características del nahual y las opiniones de Menchú al respecto.

Características	Opiniones
1.	1.
2.	2.
3.	3.

Análisis del texto

4. En tu opinión, ¿cuál es el tema principal de «El nahual»?

_____

_____

_____

COLECCIÓN 2 · LECTURA

Vocabulario esencial

•••

1. Busca la definición que corresponde a cada una de las palabras de «La guerra de los yacarés».

_____ 1. golpear   **a.** arma de guerra que se lanza a corta distancia

_____ 2. ballena   **b.** convertir en una cosa más pequeña o de un valor menor

_____ 3. inquietud   **c.** susto, sorpresa

_____ 4. reducir   **d.** dar un golpe o repetidos golpes

_____ 5. asombro   **e.** mamífero marino de gran tamaño

_____ 6. hundirse   **f.** meterse bajo el agua hasta el fondo

_____ 7. zambullir   **g.** estado de intranquilidad

_____ 8. granada   **h.** meter o introducir la cabeza en el agua

2. Completa las oraciones con la palabra que falta, usando el vocabulario de *Platero y yo*. Cambia la forma de la palabra si es necesario.

Palabras para escoger			
mimoso	babear	empapado	hocico
brincar	morder	dar coces	alborozo

1. Anoche les estaba dando de comer a los perros cuando el más agresivo y malhumorado

me _____ la mano. ¡Cuánto me dolió!

2. Los otros animales empezaron a _____ cuando vieron la comida; tenían mucha hambre.

3. Uno me acarició la cara con su _____ y me dio muchos besos con la lengua.

4. ¡Qué _____! Todos los perros se pusieron tan contentos al verme con la comida.

5. Después de bañarlos, quedé completamente _____. Tuve que secarme con una toalla.

6. Tengo que confesar que mis animales son muy _____. Los acaricio y les presto atención todo el tiempo.

7. Cuando salimos a dar un paseo, ellos corren, _____ y _____ como los caballos en el campo.

Vocabulario esencial

· ·

Mejora tu vocabulario

3. Usa las palabras dadas como punto de partida y completa la tabla con palabras que pertenezcan a la misma familia. Puedes consultar un diccionario si es necesario.

	Verbo	Adjetivo	Sustantivo
1.	durar		
2.	envejecer		
3.			nave
4.		expuesto	
5.			desagüe
6.			ventilador
7.		inicial	
8.	manipular		
9.			compañerismo
10.	innovar		
11.		duro	
12.		equívoco	

4. Escribe oraciones originales usando las siguientes palabras.

1. patriarca

_____

2. trasnochar

_____

3. terrateniente

_____

4. hazaña

_____

5. manipular

_____

Gramática

· ·

El verbo

1. En cada oración identifica el verbo y subráyalo. Luego escribe el infinitivo en el espacio en blanco.

MODELO **cumplir** ¿Cuándo <u>cumple</u> años Darío?

_____ **1.** Mañana es el cumpleaños de mi hermanito Darío.

_____ **2.** Toda la familia y los amigos de Darío vendrán a la fiesta.

_____ **3.** Él mismo hizo las invitaciones.

_____ **4.** Ayer mi mamá y yo fuimos al mercado.

_____ **5.** Mamá le compró una piñata y muchos globos.

_____ **6.** Esta noche yo haré un pastel de chocolate.

_____ **7.** Ahora Darío juega con el perro en el jardín.

2. Lee el párrafo y escribe los verbos en el cuadro. Luego identifica la persona, el número y el tiempo de cada verbo.

Querido diario,

Anoche fui a un concierto con mi amigo Julián. ¡El concierto estuvo fantástico! Hoy él me llamó por teléfono y platicamos por dos horas. Julián es un buen amigo y me cae muy bien. Mañana iremos al cine... ¡qué emoción!

	Verbo	Persona	Número	Tiempo
I.	fui	primera	singular	pasado
2.				
3.				
4.				
5.				
6.				
7.				

Gramática

••

El tiempo presente

3. Completa las oraciones con la forma correcta del presente de los verbos entre paréntesis.

1. Mi familia y yo _____ (vivir) en Austin, Texas.

2. Mi mamá _____ (trabajar) para una compañía de computación.

3. Yo _____ (querer) tomar clases de arte en la universidad este semestre.

4. A mi hermano mayor le _____ (gustar) jugar al fútbol en el parque Zilker.

5. Alberto e Iván _____ (ir) al lago todos los sábados.

6. Carmen siempre _____ (quejarse) del tráfico.

4. Escribe la forma indicada de los verbos en el tiempo presente.

1. caber (yo) _____   5. seguir (usted) _____

2. pensar (Luisa) _____   6. poner (yo) _____

3. oír (yo) _____   7. escoger (José y Esteban) _____

4. poder (nosotros) _____   8. sentarse (Érica) _____

5. Contesta las preguntas usando la forma correcta del verbo subrayado.

MODELO   ¿<u>Puedes</u> ir a la fiesta esta noche?

       Sí, puedo ir a la fiesta esta noche.

1. En tu casa, ¿quién <u>pone</u> la mesa?

_____

2. Cuando vas a tu restaurante favorito, ¿qué platillo <u>pides</u>?

_____

3. ¿<u>Vas</u> seguido a la playa?

_____

4. ¿<u>Sabes</u> mucho sobre los deportes?

_____

5. ¿Cómo <u>eres</u>? ¿Eres tímido(a), atrevido(a), estudioso(a) o creativo(a)?

_____

COLECCIÓN 2 • GRAMÁTICA

Gramática

El imperfecto

6. Completa las oraciones cambiando los verbos subrayados del presente al imperfecto.

MODELO   Hoy <u>me levanto</u> temprano, pero antes **me levantaba** tarde.

I. Ahora <u>juego</u> a las cartas, pero antes _____ a las canicas con mis amigos.

2. Hoy en día, mis primos y yo nunca <u>vamos</u> al parque, pero antes _____ todos los días.

3. Mis padres ya no <u>salen</u> a bailar, pero antes _____ con frecuencia.

4. Ahora Ana <u>lee</u> el periódico, pero antes sólo _____ novelas románticas.

5. Hoy Gabi y Elena <u>practican</u> el tenis, pero antes _____ el béisbol.

6. Ahora yo <u>necesito</u> usar lentes, pero de niño no los _____.

7. Hoy en día mis hermanas <u>se acuestan</u> tarde, pero cuando tenían seis años _____ a las ocho.

8. Ya no <u>veo</u> mucho a mis abuelos, pero de niño los _____ todos los domingos.

9. Ahora tú <u>eres</u> responsable, pero hace diez años _____ muy travieso.

7. Completa el párrafo con la forma correcta del imperfecto de los verbos entre paréntesis.

Cuando los indígenas del hemisferio occidental **I.** _____ (hacer) tortillas de maíz, **2.** _____ (seguir) un proceso. Primero, **3.** _____ (hervir) los granos de maíz en una mezcla de agua y cal. La cal **4.** _____ (ser) el elemento fundamental para una alimentación apropiada. Luego, con un molino llamado *metate* y una piedra llamada *mano,* los indígenas **5.** _____ (moler) la mezcla, llamada *nixtamal,* hasta que **6.** _____ (convertirse) en una masa.

Gramática

• •

8. Entrevista a uno de tus padres, tus tíos o tus abuelos usando las siguientes preguntas. Luego escribe las respuestas usando el imperfecto.

1. ¿Cómo eran tus padres? ¿Eran estrictos?

_____

_____

2. ¿Cuál era tu película favorita de niño(a)?

_____

_____

3. ¿Cómo ibas a la escuela?

_____

_____

4. ¿Cómo pasabas los veranos?

_____

_____

5. Cuando tenías dieciséis años, ¿qué hacías con tus amigos los fines de semana?

_____

_____

El pretérito

9. Escribe las oraciones de nuevo, cambiando los verbos del presente al pretérito.

1. Yo hago las maletas cuando salgo de viaje.

_____

2. Cuando mis amigos viajan al extranjero, me mandan muchas tarjetas postales.

_____

3. ¿Por qué no nos acompañas a la playa?

_____

4. Alicia me cuenta que ella va a bucear en el océano.

_____

Gramática

. . . .

5. ¿Tienes que aprender a nadar?

_____

6. Mi mamá y yo traemos bloqueador.

_____

7. Mariana quiere ir a Acapulco este verano pero no puede.

_____

8. ¿Sabes que Pablo está en Puerto Rico?

_____

9. Cuando Carlos y Enrique vienen a Miami, se quedan con su abuela Tita.

_____

10. Jorge dice que sus padres regresan de Costa Rica el sábado.

_____

10. Completa el diálogo con la forma correcta del pretérito de los verbos entre paréntesis.

TERE ¿Qué 1. _____ (hacer) ayer para celebrar tu cumpleaños, Alma?

ALMA Primero, Beto y yo 2. _____ (ir) al cine y 3. _____

(ver) la nueva película de terror.

TERE ¡¿De veras?! ¿Cómo 4. _____ (estar) la película?

ALMA A Beto le 5. _____ (encantar) la película pero a mí no me

6. _____ (gustar). Me 7. _____ (dar) mucho miedo.

Después, nosotros 8. _____ (comer) mole en la casa de mi abuelita.

TERE ¿Y qué te 9. _____ (regalar) Beto?

ALMA Pues, me 10. _____ (traer) un ramo de flores y una caja de

chocolates.

Gramática

. . . .

11. Karina tomó apuntes sobre lo que hizo durante el día con sus tíos y sus primas en San Antonio. Basándote en sus apuntes, describe lo que hicieron. Usa el pretérito.

9:30	tía—comprar regalos en la Villita
10:00	mis primas—subir a la Torre de las Américas
11:00	yo—visitar la Misión de Concepción
2:00	todos—ir a Fiesta Texas
7:00	mis primas y yo—recorrer el Paseo del Río

_____

_____

_____

_____

_____

Usos del imperfecto y del pretérito

12. Combina los elementos para contar qué hacían los miembros de la familia García cuando ocurrieron las siguientes cosas.

MODELO   Jorge / poner / la mesa / sonar / el teléfono

Jorge ponía la mesa cuando sonó el teléfono.

1. yo / dormir / la siesta / mamá / llegar / del trabajo

_____

2. papá / navegar por la Red / Jaime / poner / la radio a todo volumen

_____

3. Andrés y Felipe / hacer / galletas / prenderse / la alarma de la casa

_____

4. el perro / salir / de la casa / empezar a llover

_____

Gramática

5. tú / andar / en bicicleta / ver / al vecino / regar las flores

_____

6. nosotros / jugar / al escondite / encontrar / dinero

_____

7. los abuelos / ir / al mercado / meterse / el sol

_____

13. Completa los párrafos con la forma correcta del pretérito o del imperfecto de los verbos entre paréntesis.

Los primeros años de Frida Kahlo

Frida Kahlo **1.** _____ (nacer) en Coyoacán, México, en 1907. Ella

2. _____ (ser) apasionada, inteligente e independiente. Le

3. _____ (gustar) patinar y andar en bicicleta e

4. _____ (ir) a la escuela sola. En 1922, Frida

5. _____ (ingresar) en la Escuela Nacional. **6.** _____

(ser) allí donde **7.** _____ (conocer) al artista Diego Rivera y

8. _____ (enamorarse) de él.

Una tarde de 1925, cuando Frida **9.** _____ (regresar) a su casa de la

escuela, el autobús en el que **10.** _____ (viajar)

11. _____ (chocar) con un tranvía. Ella **12.** _____

(sufrir) de lesiones en la columna vertebral y en la pelvis. Mientras

13. _____ (recuperarse) del accidente, su padre le

14. _____ (regalar) unos tubos de pintura y así fue como

15. _____ (empezar) su carrera artística.

COLECCIÓN 2 • GRAMÁTICA

Gramática

· ·

14. Anoche fuiste a una fiesta pero tu amigo(a) no pudo ir. Ahora él o ella quiere saber los detalles: ¿quiénes fueron? ¿qué hicieron? ¿si fue una persona muy especial? ¿qué hizo esa persona? ¿con quién bailó?, etc. Escribe un párrafo contándole a tu amigo(a) todo lo que pasó. Usa el pretérito y el imperfecto, y por lo menos siete de las palabras del cuadro.

Palabras para escoger					
ir	venir	salir	bailar	saber	divertirse
ver	estar	decir	escuchar	conocer	preguntar

_____

_____

_____

_____

_____

_____

_____

_____

_____

_____

_____

COLECCIÓN 2 · GRAMÁTICA

Comparación y contraste

El aspecto de estados en el pasado

15. Completa las oraciones con el pretérito o el imperfecto para darle el significado de la expresión entre paréntesis.

1. (Sabía/Supe) que ibas a venir el viernes a visitarnos. *(already knew)*

2. ¿(Sabías/Supiste) que tu prima Nora se va a casar en agosto? *(found out)*

3. Mi amiga me pidió las fotos, pero no las (pude/podía) encontrar. *(couldn't and didn't find them)*

4. Javier llegó tarde a la fiesta porque no (pudo/podía) salir del trabajo. *(was having trouble)*

5. Nosotros invitamos a tus abuelos a acampar, pero no (quisieron/querían) venir. *(didn't want to, refused to, wouldn't)*

6. Yo no (quise/quería) subirme a la montaña rusa, pero mi hermano me convenció. *(didn't want to, had already decided not to)*

16. Determina si hay que usar el pretérito o el imperfecto del verbo para darle el significado de la expresión entre paréntesis. Luego completa las oraciones con la forma correcta del verbo.

MODELO Mis papás **estuvieron** *(were there, stopped by)* en la casa de Juan por unos días, pero yo no los vi porque **estaba** *(was)* en Monterrey.

1. saber Ayer yo _____ *(found out)* que Daniel va a comprar un carro nuevo, pero mi mamá ya lo _____ *(already knew)*.

2. poder Durante el partido de béisbol, mi hermano no _____ *(was having trouble)* pegarle a la pelota, pero yo sí _____ *(I could and did)*.

3. querer Nosotras _____ *(wanted to but couldn't)* ir al concierto, pero tú no _____ *(refused)* acompañarnos.

4. estar Tus amigos _____ *(were here, came by)* aquí, pero tú todavía _____ *(were)* en el trabajo.

Comparación y contraste

17. Traduce las oraciones al inglés.

1. Carlos supo que Tatiana se fue a Europa por tres meses.

_____

_____

2. Tatiana no quería que nadie lo supiera.

_____

_____

3. Tú sabías que Edgar estudiaba español, ¿verdad?

_____

_____

4. Toño estuvo en la casa de tus tíos, pero Marco no estaba para platicar con él.

_____

_____

18. Traduce las oraciones al español. No es necesario traducir las expresiones entre paréntesis.

1. I ran into a friend, and I couldn't remember *(was having trouble remembering)* his name.

_____

_____

2. The car had a flat tire, and we weren't able to *(and we didn't)* get to the airport.

_____

_____

3. I wrote to Regina but she refused to answer my letter.

_____

_____

4. David wanted *(tried, meant)* to call Paloma but his phone wasn't working.

_____

_____

Ortografía

· ·

Letra y sonido

1. Completa las palabras con **b** o **v**.

1. ca___eza	**5.** ___lusa	**9.** in___asión
2. di___ino	**6.** ___amos	**10.** ad___erbio
3. está___amos	**7.** ___uque	**11.** em___argo
4. ___oda	**8.** escri___ías	**12.** anda___an

2. Completa las oraciones con **b** o **v**.

1. ¿Puedes adi___inar quién va a venir esta noche?

2. El hidrógeno es un gas com___ustible.

3. Marianela estu___o enferma ayer.

4. Nos gusta esquiar durante el in___ierno.

5. La señora Holguín es muy ama___le.

6. Abuela nos manda muchos a___razos en su carta.

7. Estudio alemán con Javier, pero no estamos en el mismo ni___el.

8. Cuando era niña, mis papás y yo í___amos mucho a la finca de mis abuelos.

3. Completa las oraciones con la palabra correcta.

1. En las elecciones del mes pasado, poca gente (botó/votó).

2. Hay una fiesta en casa de los Maldonado. ¿(Bienes/Vienes)?

3. Laura (grabó/gravó) una canción en la cinta.

4. El pronóstico del clima dice que va (a haber/a ver) una gran tormenta.

5. Los revolucionarios se (rebelaron/revelaron) contra el gobierno.

6. Sergio (tubo/tuvo) que salir temprano para tomar el bus.

7. El (bello/vello) en la cara de un bebé es muy suave.

8. El basurero está lleno. Hay que (botar/votar) la basura.

9. Los arqueólogos al fin pudieron (rebelar/revelar) el secreto de la tumba.

10. El (tubo/tuvo) se rompió y se salió toda el agua.

Ortografía

4. Para cada una de las siguientes oraciones, encuentra la palabra con el error ortográfico y corrígela en el espacio en blanco.

MODELO   **esbelta**   Doña Victoria es alta y esvelta.

_____   **I.** El gobierno va a inbestigar el accidente.

_____   **2.** Hay que resolber el problema muy pronto.

_____   **3.** ¡Qué vien que pudiste conversar con Victoria!

_____   **4.** Mi abuela no hablava inglés cuando era niña.

_____   **5.** Vicente viene el biernes en tren.

La acentuación

5. Pronuncia las siguientes palabras en voz alta y divídelas en sílabas.

I. animales	_____	**15.** democracia	_____
2. innovadora	_____	**16.** alegría	_____
3. perfección	_____	**17.** contemporáneo	_____
4. machista	_____	**18.** raíces	_____
5. cohete	_____	**19.** costumbre	_____
6. presentación	_____	**20.** cuidado	_____
7. cabaña	_____	**21.** obstruir	_____
8. construimos	_____	**22.** churro	_____
9. valle	_____	**23.** maestro	_____
10. noche	_____	**24.** jaula	_____
II. almohada	_____	**25.** deshecho	_____
12. arqueología	_____	**26.** línea	_____
13. describir	_____	**27.** oscuro	_____
14. tierra	_____	**28.** contraer	_____

Fábulas y leyendas

«Posada de las Tres Cuerdas» • Ana María Shua

Vocabulario esencial

1. El vocabulario que el autor emplea ayuda a crear el tono de la historia. Siguiendo el modelo, decide si cada palabra tiene una connotación negativa, positiva o neutral. Luego escribe dos o tres características o imágenes que asocias con esa palabra.

Palabra	Connotación	Asociaciones
carcomido	negativa	algo viejo, podrido, desgastado
1. enflaquecer		
2. enroscarse		
3. espesarse		
4. bandeja		
5. pegajoso		
6. liviano		
7. sable		

«Posada de las Tres Cuerdas»

Comprensión del texto

2. Las **causas** son las razones por las que ocurre algo. Los **efectos** son las consecuencias de lo que ha ocurrido. Busca el efecto que corresponde a cada una de las causas en «Posada de las Tres Cuerdas».

_____ **1.** Hacía mucho calor durante el día.

_____ **2.** El hermano dijo que había que descansar y cuidar los caballos.

_____ **3.** Junchiro decidió continuar por el bosque.

_____ **4.** La joven empezó a tocar el shamizen.

_____ **5.** Junchiro sacó su espada de la vaina.

_____ **6.** Se rompió la cuerda de en medio.

a. La joven se puso furiosa.

b. Los hermanos viajaban durante las últimas horas de la tarde.

c. Encontró la posada en medio del bosque.

d. Se enroscó alrededor del cuerpo de Junchiro.

e. El caballero se olvidó de todo.

f. Junchiro le dijo que era un cobarde.

Análisis del texto

3. Contesta las siguientes preguntas con oraciones completas.

1. Con base en la secuencia de causas y efectos en este cuento, ¿crees que el narrador condena o aprueba las acciones aventureras de Junchiro? ¿O es más bien un narrador neutral que no lo juzga? Apoya tu opinión con ejemplos del texto.

_____

_____

_____

2. Un cuento popular generalmente presenta una moraleja o lección práctica. ¿Cuál es la moraleja de este cuento?

_____

_____

_____

Nuevas vistas Curso avanzado 1

«La puerta del infierno» • Antonio Landauro

Vocabulario esencial

1. Escribe en los espacios en blanco el personaje que mejor corresponde a cada una de las descripciones.

Personajes: los hacendados, el señor misterioso, los indios, el volcán

_____ **1.** Eran las víctimas de las fechorías de los hacendados, cuyos nombres ni querían recordar.

_____ **2.** Sabía de la codicia de los patronos y desarrolló un ardid para su propio beneficio.

_____ **3.** Cuentan esta historia perenne de castigo divino.

_____ **4.** Su avaricia insaciable crecía como el pozo que excavaban con fervor.

_____ **5.** Es la puerta del infierno por la que pasan los avaros.

_____ **6.** Su enojo empeoró la situación cuando el cura intentó los exorcismos.

_____ **7.** Empezó a arrojar humo y una columna de fuego.

2. Completa las oraciones con la palabra que falta. Cambia la forma de la palabra si es necesario.

Palabras para escoger		
mercader	huésped	alquilar
carcajada	vocerío	tesoro

1. En aquel entonces los indígenas _____ los terrenos de los hacendados.

2. Pensando que el señor misterioso era un rico _____, los hacendados lo recibieron con los brazos abiertos.

3. El _____ infernal que visitó a los patronos aterrorizaba a los animales.

4. Los hacendados gritaron de alegría cuando encontraron el _____.

5. De la boca del pozo se oyó un _____ espantoso de los condenados.

6. El señor misterioso soltó una _____ perversa al echar a la mujer al pozo.

COLECCIÓN 3 • LECTURA

«La puerta del infierno»

Comprensión del texto

3. En el siguiente diagrama de Venn escribe por lo menos tres palabras o frases en cada círculo que describan al señor misterioso y a los hacendados. En la intersección de círculos, escribe tres palabras o frases que describan a los tres personajes.

El señor misterioso　　　　**El hacendado y su esposa**

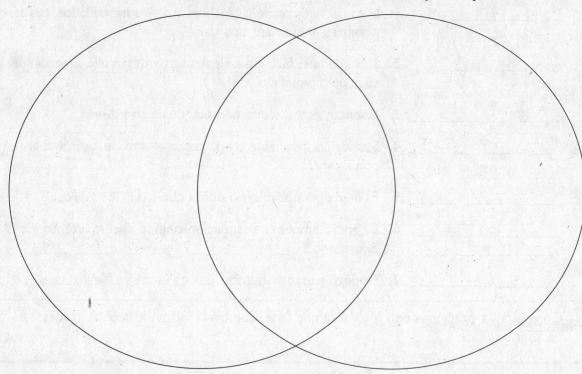

Análisis del texto

4. Contesta las preguntas con oraciones completas.

I. Explica en dos o tres oraciones qué efecto tiene la personalidad y las motivaciones de los personajes en el desenlace del cuento.

_____

_____

_____

2. ¿Por qué se considera la lectura una leyenda? ¿A qué otro tipo de historia— mito, fábula o cuento popular— se parece?

_____

_____

_____

A leer por tu cuenta

«Güeso y Pellejo» • Ciro Alegría

Crea significados

Repaso del texto

a. ¿Quién es Simón Robles? ¿Qué le gusta hacer?

_____

b. ¿Quiénes son Güeso y Pellejo?

_____

c. ¿Por qué se escondió el ladrón debajo de la cama?

_____

_____

_____

Primeras impresiones

1. ¿Qué sentiste al leer las reacciones de los demás a la historia que cuenta Simón Robles?

_____

Interpretaciones del texto

2. ¿Por qué no se dio cuenta el ladrón de que la viejita llamaba a sus perros?

_____

_____

_____

3. ¿Qué significan las palabras *hueso* y *pellejo*? ¿Cómo se relacionan estas palabras con el cuento?

_____

_____

_____

COLECCIÓN 3 • LECTURA

«Güeso y Pellejo»

Conexiones con el texto

4. Cuando Simón Robles termina su narración, los otros personajes reaccionan de forma negativa. ¿Alguna vez has contado un cuento que recibió reacciones negativas? ¿Cómo te sentiste? ¿Qué les dijiste a los demás?

_____

_____

Preguntas al texto

5. ¿Qué quiere decir Simón Robles cuando afirma que «Cuento es cuento»? ¿Qué mensaje pueden tener estas palabras para los lectores?

_____

_____

_____

Más allá del texto

6. ¿Cuáles son los elementos esenciales de un buen cuento? ¿Crees que «Güeso y Pellejo» es un buen cuento? Explica tus respuestas y justifícalas con ejemplos del texto.

_____

_____

_____

_____

Vocabulario en contexto

1. Busca la definición que corresponde a cada una de las palabras.

_____ 1. apelativo   **a.** que sabe o entiende mucho

_____ 2. entrometer   **b.** cautela, precaución, proporción

_____ 3. mesura   **c.** nombre o sobrenombre

_____ 4. sabido   **d.** hoguera, el fuego para cocinar o calentarse por la noche

_____ 5. fogón   **e.** intervenir, entrar a tomar parte

«Güeso y Pellejo»
••

Comprensión del texto

2. «Güeso y Pellejo» es un ejemplo de un cuento dentro de un cuento. Uno ocurre en el presente y el otro ocurre en el pasado. En cada uno de los siguientes cuadros, escribe por lo menos dos oraciones resumiendo cada uno de los cuentos dentro de «Güeso y Pellejo».

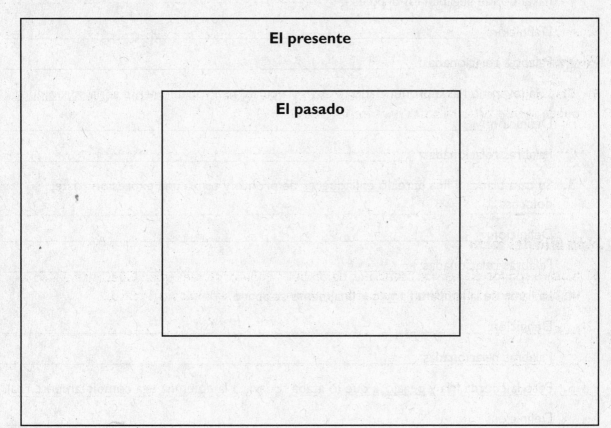

El presente

El pasado

Análisis del texto

3. En tu opinión, ¿por qué emplea Ciro Alegría la técnica del cuento dentro de un cuento?

_____

_____

_____

_____

Vocabulario esencial

1. Lee las siguientes oraciones sobre «Posada de las Tres Cuerdas», prestando atención a las palabras subrayadas. Luego escribe la definición de cada palabra y dos palabras que pertenezcan a la misma familia. Puedes consultar el GLOSARIO en las páginas R68–R90 y repasar las familias de palabras en las páginas 100–101 de tu libro de texto si es necesario.

I. Hacía ya dos horas que <u>cabalgaba</u>, enojado consigo mismo por no haber sabido calcular hasta dónde llegaban los árboles...

Definición: _____

Palabras relacionadas: _____

2. ... la joven no había pronunciado ni una sola palabra... Probablemente sería <u>sordomuda</u>.

Definición: _____

Palabras relacionadas: _____

3. Su cara blanca y fina pareció <u>enflaquecer</u> de pronto y tomó una expresión triste, dolorosa.

Definición: _____

Palabras relacionadas: _____

4. La llama de la lámpara <u>flameó</u> y finalmente se apagó.

Definición: _____

Palabras relacionadas: _____

5. Pero la cuerda fría y <u>pegajosa</u> que lo ataba todavía a la columna era completamente real.

Definición: _____

Palabras relacionadas: _____

2. Busca la definición que corresponde a cada una de las palabras subrayadas en las siguientes oraciones de «La puerta del infierno».

_____ **I.** ... <u>habitaban</u> en esta región dos personajes famosos por su avaricia...

_____ **2.** ... y <u>alquilaban</u> sus terrenos a los indios pobres, quienes eran sus víctimas perennes.

_____ **3.** Aquellas tierras parecían una <u>bendición</u> de Dios.

_____ **4.** Pero pronto aquellos miserables <u>expiaron</u> sus fechorías.

_____ **5.** ... el hombre tenía apariencia de rico <u>mercader</u>...

_____ **6.** ¿Qué platicaron los patronos y el <u>huésped</u>?

_____ **7.** Soltó una atroz <u>carcajada</u> y agarró del pelo a la mujer.

_____ **8.** Iba a <u>conjurar</u> el lugar maldito.

_____ **9.** De la boca del pozo empezó a salir un <u>vocerío</u> que causaba espanto.

_____ **10.** Eran los gritos de los <u>condenados</u>.

a. dícese de quien sufre después de la muerte

b. persona que se hospeda en casa ajena o en un establecimiento hotelero

c. dar o tomar alguna cosa por tiempo determinado mediante el pago de cierta cantidad

d. acción y efecto de bendecir

e. risa ruidosa

f. exorcizar a los demonios

g. vivir en un lugar

h. sufrir un castigo por una falta o delito cometido

i. comerciante

j. griterío, confusión de voces altas

Mejora tu vocabulario

3. Primero completa las oraciones con la palabra que mejor corresponde a las palabras subrayadas. Cambia la forma de la palabra si es necesario. Luego escribe **S** si la palabra que escogiste es un sinónimo o **A** si la palabra es un antónimo.

Palabras para escoger			
malvado	denso	vacío	arrodillarse
miserable	cobarde	patrón	hacendado

_____ **1.** Félix es muy <u>valiente</u>. Nadie lo acusa de ser _____.

_____ **2.** Era un bosque _____ antes de la llegada del hombre. Ahora la vegetación es muy <u>escasa</u>.

_____ **3.** Mi padre es <u>propietario de mucha tierra</u>. Él es _____.

_____ **4.** El protagonista del cuento es un <u>infame</u>. Es un hombre _____.

_____ **5.** Alicia es su propia <u>jefa</u>. Es la _____ del negocio donde trabaja.

_____ **6.** Ayer la botella estaba <u>llena</u>, pero ahora ya está _____.

_____ **7.** Sofía es tan <u>buena</u> como un ángel. Siempre ayuda a los desafortunados. Al contrario, su hermana es una _____; es egoísta y no le ayuda a nadie.

_____ **8.** El sacerdote de la iglesia <u>está de pie</u> frente a la congregación, mientras los participantes _____ para recibir el sacramento.

Gramática

. . . .

El modo

1. En cada oración indica si el verbo subrayado está en el **indicativo, subjuntivo** o **imperativo.**

_____ **1.** Mañana <u>tenemos</u> un examen de literatura. ¿Ya estudiaste?

_____ **2.** No. <u>Vámonos</u> a casa, que me falta leer varias leyendas.

_____ **3.** Espero que <u>leas</u> todos los cuentos asignados.

_____ **4.** Mi historia favorita se <u>desarrolla</u> en una antigua hacienda.

_____ **5.** <u>Dime</u>, ¿cuáles de los cuentos no te gustaron?

_____ **6.** La profesora quiere que <u>prestemos</u> atención al ambiente de cada cuento.

_____ **7.** Nos dice que <u>debemos</u> enfocarnos en los personajes también.

2. Primero indica si cada oración es **sencilla** o **compuesta.** Si la oración es **compuesta,** subraya la cláusula principal y encierra entre paréntesis la cláusula subordinada.

MODELO **Compuesta**
<u>Los alumnos</u> (que terminen la prueba temprano) <u>podrán irse a casa.</u>

_____ **1.** Teresa y Pedro regresaron de su viaje por Europa ayer por la noche.

_____ **2.** Quiero ver todas las fotos de su viaje.

_____ **3.** Espero que estén más descansados mañana para que nos cuenten sus experiencias.

_____ **4.** Siempre necesito unos días para descansar después de regresar de un viaje largo.

_____ **5.** Teresa y Pedro visitaron Portugal, España e Italia en este viaje.

_____ **6.** Estoy segura que visitarán Polonia y Hungría en el próximo viaje.

_____ **7.** Mis amigos que conocen esos países quieren volver a visitarlos pronto.

_____ **8.** Me prometieron que me mandarían una tarjeta postal la próxima vez.

Gramática

Las formas del presente del subjuntivo

3. Completa las oraciones con el indicativo o el subjuntivo.

1. ¿Cuándo (comienzan/comiencen) los pasajeros a desembarcar del avión?

2. Es necesario que (llegamos/lleguemos) a tiempo al aeropuerto para recibirlos.

3. Es preciso que tío Roberto (hace/haga) lo posible por contener su entusiasmo.

4. ¡Aterrizó el vuelo! Espero que los (vemos/veamos) pronto.

5. Ojalá que no _____ (traen/traigan) cosas que los detengan por mucho

   tiempo en la aduana.

6. Nosotras nunca (tenemos/tengamos) tiempo de viajar por el mundo así como ellos.

4. Completa las oraciones con la forma correcta del verbo subrayado.

1. Es preciso que <u>hagamos</u> nuestras tareas con cuidado porque cuando no las

   _____ bien, la profesora se decepciona.

2. Cuando Juan _____ lo que nos asignaron de tarea nos daremos cuenta

   si lo <u>recuerda</u> todo o no.

3. Juan no cree que el trabajo <u>sea</u> difícil, pero sabe que _____ increíblemente

   aburrido.

4. Si <u>pueden</u> convencerlo de que trabaje con nosotros en el proyecto, se lo agradeceremos

   mucho, pero dudo que ustedes _____ hacerlo.

5. Que nosotros _____, lo que está afectando a Juan es que tiene novia y

   <u>sabemos</u> que esto requiere mucha atención.

6. Ellos _____ la misma profesora de geografía, así que es posible que <u>tengan</u>

   asignado el mismo proyecto.

7. Es imposible que Juan no <u>comprenda</u> la importancia de este trabajo. Lo único que

   _____ son las llamadas de Marisol.

8. Si formamos un equipo que _____ a Juan y a Marisol, podemos decirle

   a la profesora que nuestro proyecto <u>incluye</u> a los mejores alumnos.

Gramática

5. Combina los elementos para formar oraciones completas.

1. yo / esperar / que / el tío Reinaldo / traer recuerdos

_____

2. Adolfo y Octavio / querer / que / su perro / salir a caminar

_____

3. ojalá / que / nuestra abuela / venir / a México

_____

4. tú / querer / que / el perro / aprender / trucos nuevos

_____

5. Rodolfo y Mariana / esperar / que / sus invitados / llegar a tiempo

_____

6. ojalá / que / René y Alma / conocer / mi país

_____

7. mis hermanos / querer / que / nosotros / ir / juntos a Brasil

_____

8. nosotros / esperar / que / nuestras hijas / no gastar / mucho dinero

_____

El presente del subjuntivo en cláusulas nominales

6. En cada oración subraya la cláusula nominal.

1. Las profesoras quieren que ustedes vayan a la asamblea esta tarde.

2. Parece mentira que no estemos tristes después de que nuestro equipo perdió.

3. Dudo que sepas lo que pasó anoche.

4. Es imposible que los niños hagan sus camas sin ayuda.

5. Quiero que sean ellas las elegidas en el concurso.

6. Nos alegra que el señor Garay apoye el desarrollo del arte en las escuelas.

7. Ana quiere que diga lo que pienso acerca de la película.

8. Los niños quieren que la abuela venga a visitarlos pronto.

9. Ojalá que todos quepan en el carro de María.

10. A la profesora le parece extraño que yo no conozca la poesía de Shakespeare.

COLECCIÓN 3 • GRAMÁTICA

Gramática

7. Completa el mensaje electrónico con la forma correcta del indicativo o del subjuntivo.

| Redactar | Borrar | Elija carpeta | Reenviar | Responder | Responder a todos | Internet |

Querida Elisa,

Quería decirte que es posible que Pedro y yo **1.** _____ (llegar) tarde

mañana, pues dicen que **2.** _____ (haber) una tormenta. Aunque

dudo que el retraso **3.** _____ (ser) mucho, decidí avisarte porque no

quiero que **4.** _____ (preocuparse).

   Me **5.** _____ (hacer) todos mucha falta. Aunque nuestro viaje ha

sido maravilloso, ya deseo que nosotros **6.** _____ (estar) juntos de

nuevo. Siento nostalgia por la comida de la abuela y las historias del tío. Ojalá que

nos **7.** _____ (ver) mañana, pues tengo muchas cosas que contarte.

Aunque estoy feliz de haber aprendido italiano, es imposible que nosotros

8. _____ (poder) expresarnos aquí en Italia como lo hacemos en casa.

Teresa

Ahora explica por qué optaste por el indicativo o el subjuntivo. Repasa el subjuntivo en
cláusulas nominales en las páginas 165–166 de tu libro de texto si es necesario.

MODELO   Dudo que **salgamos** a cenar esta noche.
   Se usa el subjuntivo porque «Dudo que» expresa duda.

1. _____

2. _____

3. _____

4. _____

5. _____

6. _____

7. _____

8. _____

COLECCIÓN 3 · GRAMÁTICA

Gramática

El presente del subjuntivo en cláusulas adverbiales

8. Completa las oraciones con una de las siguientes frases.

sin que	con tal (de) que	en caso (de) que
para que	a fin de que	a menos (de) que

1. Llevaré mi paraguas cuando vaya de compras _____ llueva.

2. Te daré dinero suficiente _____ puedas comprar tus libros y ropa.

3. Lo compraré todo con el dinero que nos des, _____ hayan subido de precio los útiles escolares.

4. No me importa si necesitas un poco más de dinero _____ tengas todo lo que necesites.

5. Trata de salir de la casa _____ el perro y tu hermanito te oigan.

6. Yo misma te llevaré al centro comercial _____ puedas comprarlo todo en un sólo lugar.

7. _____ estén cerradas las tiendas, creo que estaré lista para las siete.

8. Voy a llevar mi tarjeta de crédito _____ encuentre zapatos en oferta.

9. Completa el diálogo con la forma correcta del indicativo o del subjuntivo de los verbos entre paréntesis.

—Hola Rosa. Voy a ir al centro comercial, ¿quieres acompañarme?

—Hmm. ¿Qué **1.** _____ (pensar) comprar allí?

—Pues, tan pronto como **2.** _____ (llegar) voy a comprar una mochila.

—Me gustaría ir contigo pero tengo que pedirle permiso a mi mamá. Te llamaré después de que **3.** _____ (hablar) con ella.

—Si quieres, yo hablo con ella. Le diré que mi mamá nos va a llevar y que tan pronto como **4.** _____ (acabar), te traeremos a tu casa.

—Creo que sería bueno que tu mamá hablara con ella, pues la mía no quedará convencida hasta que **5.** _____ (platicar) con otra persona adulta.

—Bueno, habla con tu mamá y llámame para que mi mamá **6.** _____ (poder) hablar con ella.

COLECCIÓN 3 • GRAMÁTICA

Gramática

10. Completa las oraciones con la forma correcta del indicativo o del subjuntivo. Luego para cada oración, explica por qué optaste por el indicativo o el subjuntivo. Repasa el subjuntivo en cláusulas adverbiales en la página 168 de tu libro de texto si es necesario.

MODELO Elisa quiere cantar en el coro hasta que **termine** el año escolar.
Después de la conjunción temporal «hasta que», se usa el subjuntivo para referirse a una acción futura.

1. Roberto siempre llama a Elisa por teléfono tan pronto como _____ (regresar) de la escuela.

   _____

2. Ella siempre está lista en caso de que los directores del coro la _____ (escoger) como solista.

   _____

3. Voy a ensayar con ella para que el dúo _____ (quedar) listo para el sábado.

   _____

4. Visitaremos otras escuelas en cuanto _____ (saber) si ganamos o no el concurso de coros.

   _____

5. Cuando _____ (llegar) los resultados del concurso, le pediré a mi mamá que me deje ir en la gira por las escuelas.

   _____

6. Todos los miembros del coro vamos a estar ansiosos hasta que ellos nos

   _____ (decir) si vamos o no de gira.

   _____

7. ¡Está sonando el teléfono! Creo que _____ (ser) el director con el veredicto final.

   _____

Gramática

11. Completa las oraciones con la forma correcta de los verbos entre paréntesis.

Maritza no estaba en su casa cuando la **1.** _____ (llame/llamé/llamo). A

veces, cuando la **2.** _____ (llame/llamé/llamo) me parece que nunca está.

Sé que ella **3.** _____ (quiso/quiere/quiera) comprar libros baratos y yo

prometí ayudarla a menos de que ella no **4.** _____ (quiso/quiere/quiera).

Soy capaz de comprarle los libros con tal de que ella **5.** _____

(ahorre/ahorra/ahorró) dinero este semestre, pues no sé si **6.** _____

(ahorre/ahorra/ahorró) anteriormente.

Voy a tratar de hablar con ella mañana cuando **7.** _____ (tengo/tenga/tuve)

tiempo libre. Parece increíble que casi nunca hablamos cuando

8. _____ (tenemos/tengamos/tuvimos) tiempo.

Comparación y contraste

El infinitivo y las cláusulas nominales

12. En cada oración del diálogo subraya las cláusulas nominales.

MODELO Mis abuelos quieren <u>que mis hermanos y yo vayamos a Guanajuato este verano</u>.

1. —Roberto, ya que vas a ir a Guanajuato, necesito que me hagas un favor.

2. —¿Qué quieres que haga?

3. —Necesito que le lleves estas fotos y una carta a mi tía que vive en Guanajuato. Dile que estaré en México dentro de una semana.

4. —Entonces es posible que nos veamos y nos encontremos mientras estemos en México.

5. —¡Qué bien! Quiero que llegue rápido el fin de la gira para que pasemos tiempo juntos.

Comparación y contraste

Ahora traduce al inglés las cláusulas nominales que subrayaste.

MODELO   . . . my brothers and me to go to Guanajuato this summer

1. _____

2. _____

3. _____

4. _____

5. _____

13. Traduce las oraciones al inglés.

1. Liliana le pide a Rosa que la acompañe al centro comercial.

   _____

2. Es natural que ella diga que quiere cantar en el coro de la escuela hasta que termine el año escolar.

   _____

   _____

3. Roberto está feliz de que se vayan a encontrar en Guanajuato.

   _____

   _____

4. Es importante que Liliana compre sus útiles escolares antes del primer día de clases.

   _____

   _____

5. Rosa quiere que la mamá de Liliana hable con su mamá.

   _____

6. Elisa le pide a Roberto que le lleve un paquete a su tía en Guanajuato.

   _____

   _____

7. Manuel no quiere que su hermano use el teléfono.

   _____

COLECCIÓN 3 • GRAMÁTICA

Ortografía

• •

Letra y sonido

1. Completa las palabras con **c, s** o **z.**

1. invita____ión
2. recono____co
3. qui____o
4. fre____a
5. alcan____ó
6. a____iento
7. ____intura
8. calor____ito
9. re____ar
10. toleran____ia

11. oca____ión
12. anoche____er
13. puerta____o
14. a____eite
15. confian____a
16. ____itio
17. atro____
18. cru____é
19. produ____can
20. fine____a

2. Escribe la forma plural de las siguientes palabras.

1. lápiz _____
2. tapiz _____
3. veloz _____

4. raíz _____
5. luz _____
6. feroz _____

3. Completa las oraciones con la palabra correcta.

1. Necesitas (cocerle/coserle) un botón a esta camisa.

2. ¿Cuándo se van a (casar/cazar) Isabel e Ignacio? La boda es en enero, ¿verdad?

3. ¿Te gusta la (vos/voz) de Ricky Martín?

4. Los ganadores del concurso fueron escogidos al (asar/azar).

5. ¿Alguna vez (has/haz) visto una película mexicana?

6. Siempre me (ciento/siento) en el parque y les doy de comer a los pájaros.

7. No entiendo por qué (haces/ases) esto.

8. ¿Ya no (ves/vez) a Joaquín en el colegio?

9. Hemos (cenado/senado) en ese restaurante varias veces.

COLECCIÓN 3 • ORTOGRAFÍA

Ortografía

• •

10. A Ernesto le gusta (casar/cazar) venados cada otoño.

11. Luisa está acostumbrada al frío porque es de la (cierra/sierra).

12. Tengo que (cocer/coser) las cebollas a fuego lento.

13. Hay más de (ciento/siento) veinte personas en el auditorio esta noche.

14. ¿(Has/Haz) visto la nueva película de Estrellita Muñoz?

15. Solamente una (ves/vez) viajé a Puerto Rico.

16. En España existe una organización importante para la comunidad (siega/ciega).

4. Escribe las oraciones de nuevo, corrigiendo los errores ortográficos.

1. Andrea está zelosa porque Toño cosina mejor que ella.

_____

2. Nuestros vesinos tienen una pecera con muchos pezes bonitos.

_____

3. La buena comunicasión es algo sumamente importante en los negosios.

_____

4. Es nesesario que utilises la verción correcta.

_____

5. Muchos jóvenes comiensan a razurarse a los catorse años.

_____

5. Escribe la forma correcta de los siguientes verbos. En el primer espacio escribe el presente del indicativo y en el segundo espacio escribe el presente del subjuntivo.

1. conocer: yo _____   tú _____

2. parecer: yo _____   tú _____

3. desaparecer: yo _____   tú _____

Ahora escribe la forma correcta del pretérito de los siguientes verbos.

4. finalizar: yo _____   ella _____

5. organizar: yo _____   ella _____

6. rechazar: yo _____   ella _____

COLECCIÓN 3 • ORTOGRAFÍA

Ortografía

• •

La acentuación

6. Las siguientes palabras están divididas en sílabas. Pronuncia las palabras en voz alta y encierra en un círculo la sílaba tónica de cada palabra. Luego escribe **U** si esa sílaba es la última, **P** si es la penúltima o **A** si es la antepenúltima.

1. ac-tual _____
2. in-mo-vi-li-za-do _____
3. úl-ti-ma _____
4. es-ca-le-ras _____
5. en-fla-que-cer _____
6. a-tra-pán-do-lo _____

7. pro-fun-da-men-te _____
8. a-lar-gán-do-se _____
9. re-a-li-dad _____
10. car-co-mi-do _____
11. có-mo-do _____
12. al-re-de-dor _____

7. Pronuncia las siguientes palabras en voz alta y divídelas en sílabas. Luego encierra en un círculo la sílaba tónica.

1. seguiremos _____
2. bosquecillo _____
3. oscuridad _____
4. álgebra _____
5. malestar _____
6. desgarrada _____
7. calcular _____
8. héroe _____
9. aprovechaban _____
10. fábrica _____
11. explicaciones _____
12. cuéntamelo _____
13. practican _____
14. murciélago _____
15. desarrollara _____

COLECCIÓN 4

Dentro del corazón

«Mañana de sol» • Serafín y Joaquín Álvarez Quintero

Vocabulario esencial

1. Determina cuál es la relación entre cada par de palabras. Escribe **A** si las palabras son antónimos o **S** si son sinónimos. Consulta un diccionario si es necesario.

_____ **1.** añejo : antiguo

_____ **2.** descubrirse : ocultarse

_____ **3.** divisar : ver

_____ **4.** trascordarse : confundirse

_____ **5.** gallardo : cobarde

_____ **6.** desgraciado : afortunado

_____ **7.** embustero : mentiroso

_____ **8.** platónico : idealista

_____ **9.** finca : propiedad

_____ **10.** duelo : pelea

2. Escribe en los espacios en blanco el sinónimo del cuadro que mejor corresponde a las palabras subrayadas. Cambia la forma de la palabra si es necesario.

Palabras para escoger				
pulcro	glotón	jabalí	refunfuñar	mocedad
jinete	palique	desafío	de improviso	predilecto

_____ **1.** No le des dulces a mi hermano porque es un niño <u>que come excesivamente</u>.

_____ **2.** Mi abuelo siempre <u>se queja en voz baja</u> porque todo le molesta.

_____ **3.** El galán siempre se veía <u>impecable</u> y elegante.

_____ **4.** En mi <u>juventud</u> íbamos de viaje a la casa de mis tíos durante el verano.

_____ **5.** El <u>hombre a caballo</u> llevaba ropa de tiempos pasados.

_____ **6.** Nunca me gusta entrar en <u>conversaciones de poca importancia</u>.

_____ **7.** La última vez que mi primo fue a acampar, vio un <u>cerdo salvaje</u>.

_____ **8.** Fue un gran <u>reto</u> juntar los fondos necesarios para el viaje.

_____ **9.** A veces hacemos planes <u>sin previsión</u> que resultan en experiencias muy divertidas.

_____ **10.** ¿Cuál es el candidato <u>preferido</u> del partido nacional?

COLECCIÓN 4 · LECTURA

«Mañana de sol»

Comprensión del texto

3. Completa el cuadro con ejemplos de la lectura que corresponden a los siguientes elementos literarios. Puedes consultar el GLOSARIO DE TÉRMINOS LITERARIOS en las páginas R6–R13 de tu libro de texto si es necesario.

Definiciones	Ejemplos de «Mañana de sol»
Acotaciones de escena: Las instrucciones que el autor escribe sobre la escenografía y la representación.	
Ambiente: Tiempo y lugar en que se desarrolla la acción de una narración.	
Atmósfera: El carácter general de una obra literaria; el tono.	
Personajes: Los seres que aparecen en una obra literaria, película, etc.	
Utilería: El conjunto de objetos que se emplean en un escenario teatral.	

Análisis del texto

4. Contesta las siguientes preguntas con oraciones completas.

1. Escribe dos ejemplos de conflictos externos y dos de conflictos internos que tienen don Gonzalo y doña Laura.

_____

_____

_____

_____

2. Explica cómo las acotaciones escénicas y los apartes sirven para desarrollar los conflictos descritos en la primera pregunta.

_____

_____

Nuevas vistas Curso avanzado 1

de *Paula* • Isabel Allende

Vocabulario esencial

1. Busca la definición que corresponde a cada una de las palabras.

_____ **1.** astuto	**a.** haber más de lo que se necesita
_____ **2.** sobrar	**b.** desilusión
_____ **3.** comprobar	**c.** repetir una cosa a uno para que la aprenda
_____ **4.** desencanto	**d.** sagaz
_____ **5.** inculcar	**e.** que causa sorpresa
_____ **6.** asombroso	**f.** verificar, confirmar algo

2. Contesta las preguntas usando por lo menos dos palabras del cuadro. Puedes usar las palabras más de una vez.

Palabras para escoger			
normas	veleidoso	pared	desencanto
frasco	desorden	rabia	inculcar
pincel	asombroso	atónito	manchas

1. ¿Qué palabras describen lo que sintió la narradora cuando vio el regalo del Viejo Pascuero?

_____

_____

2. ¿Qué palabras describen la pintura de Chagall?

_____

_____

3. ¿Qué palabras describen lo que la profesora de arte intentaba hacer?

_____

_____

4. ¿Qué palabras describen el equipo necesario para pintar?

_____

_____

COLECCIÓN 4 • LECTURA

de *Paula*

. . . .

Comprensión del texto

3. Completa el siguiente diagrama de Venn. En el círculo de la izquierda escribe por lo menos tres palabras o frases que describan las cosas que se encuentran en la pintura de Chagall. En el círculo de la derecha describe las emociones expresadas en la pintura de la narradora. En la intersección de círculos, escribe tres palabras o frases que describan las dos pinturas.

Pintura de Chagall   **Pintura de la narradora**

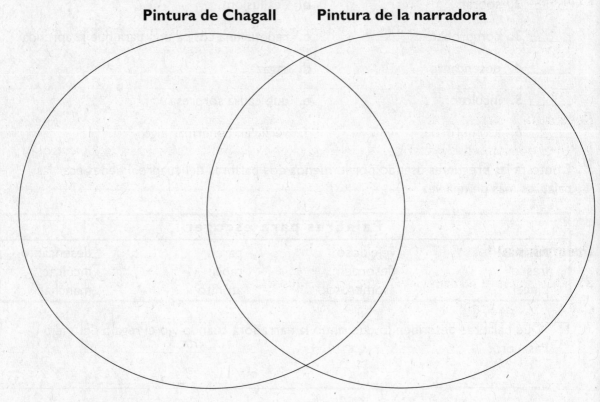

Análisis del texto

4. Contesta las siguientes preguntas con oraciones completas.

1. ¿Qué fue lo que más le atrajo a la narradora de la pintura de Chagall? ¿Por qué?

_____

_____

_____

2. ¿Qué relación hay entre el mural que pintó la narradora de niña y el diario que empezó a escribir unos años más tarde?

_____

_____

_____

A leer por tu cuenta

de *Versos sencillos* • José Martí

Crea significados

Primeras impresiones

1. El tono es la actitud o el enfoque del autor hacia un personaje o un tema. Éste puede ser irónico, reflexivo o alegre. ¿Cómo describirías el tono del poema de Martí?

_____

Conexiones con el texto

2. En tu opinión, ¿qué valor tiene la amistad? ¿Con qué podrías comparar a un(a) amigo(a)?

_____

_____

Preguntas al texto

3. ¿Qué piensa el narrador de la amistad? ¿Cómo lo sabes?

_____

_____

_____

Vocabulario en contexto

1. Escribe en los espacios en blanco la palabra del cuadro que corresponde a cada definición.

Palabras para escoger				
abolengo	cojín	mendigo	pardo	trigo

_____ 1. persona que vive de pedir limosna

_____ 2. planta cultivada cuyo grano da origen a la harina

_____ 3. ascendencia o herencia que viene de los antepasados

_____ 4. color oscuro de la tierra

_____ 5. almohadón para sentarse o arrodillarse

de *Versos sencillos*

· ·

Comprensión del texto

2. Completa el cuadro con ejemplos del poema que contesten las siguientes preguntas.

¿Quién?	¿Qué tiene?	¿El valor del objeto?
el leopardo	un abrigo	sirve para calentar y proteger
1. la mushma		
2. el conde		
3. el mendigo		
4. el presidente		

Análisis del texto

3. Contesta las siguientes preguntas con oraciones completas.

1. La metáfora es una comparación indirecta entre dos cosas distintas, por ejemplo: «el amor es una flor». ¿Cómo se pueden interpretar metafóricamente los objetos en el cuadro de arriba? ¿Qué representan cada una de las cinco metáforas?

_____

_____

_____

_____

2. ¿Qué palabra se repite al final de cada estrofa? ¿Por qué crees que Martí decidió terminar todas las estrofas con esa palabra?

_____

_____

_____

«Verde luz» • Antonio Cabán Vale

Crea significados

Primeras impresiones

1. ¿Qué imagen de «Verde luz» recuerdas con más claridad?

_____

2. ¿Qué siente el narrador por la isla? ¿Cómo lo sabes?

_____

Conexiones con el texto

3. Imagina que estás en la playa. Describe el paisaje, los olores, los sonidos y lo que éstos te hacen sentir.

_____

_____

_____

4. ¿Alguna vez has sentido nostalgia por algún lugar especial? ¿Qué recuerdos guardas de ese lugar?

_____

_____

_____

Vocabulario en contexto

1. Contesta las siguientes preguntas con oraciones completas.

1. ¿Cómo te sentirías si una persona querida <u>se ausentara</u> sin decirte nada?

_____

_____

2. ¿Cuáles son los aspectos más queridos de tu <u>suelo</u> natal?

_____

3. ¿Por qué razones <u>te alejarías</u> de tu tierra?

_____

4. ¿Qué es lo que más extrañarías si estuvieras <u>cautivo(a)</u>?

_____

«Verde luz»

Comprensión del texto

2. En el siguiente cuadro dibuja la isla tal como la imaginas, con base en las descripciones del poema. Vuelve a leer el poema si es necesario.

Análisis del texto

3. Contesta las siguientes preguntas con oraciones completas.

1. Repasa lo que dibujaste y piensa en las imágenes del poema. En tu opinión, ¿qué significado puede tener el título «Verde luz»?

_____

_____

2. ¿Cómo interpretarías las expresiones «isla mía, flor cautiva» y «libre tu suelo, sola tu estrella»?

_____

_____

_____

Vocabulario esencial

1. Completa el crucigrama con el **Vocabulario esencial** de «Mañana de sol».

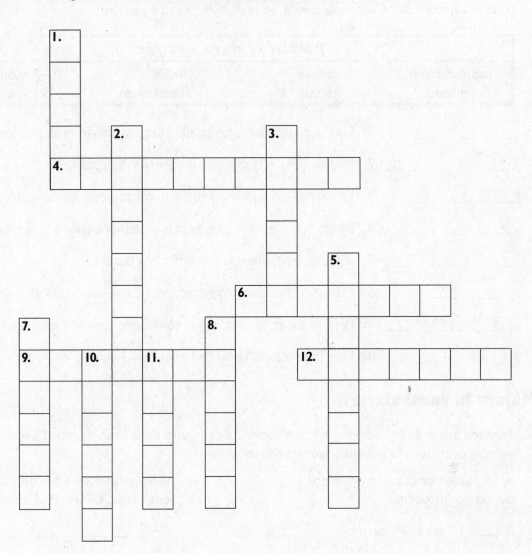

Horizontales

4. dar testimonio
6. conversación de poca importancia
9. que no siente o que no expresa agradecimiento
12. juventud, adolescencia

Verticales

1. medida que indica gran distancia
2. retar a otra persona a pelear para mantener el honor
3. muy limpia, impecable
5. persona con sabiduría
7. persona que va a caballo
8. tipo de puerco o cerdo salvaje
10. que come en exceso
11. antigua, vieja, de muchos años

Vocabulario esencial

• •

2. Escribe en los espacios en blanco el antónimo del cuadro que mejor corresponde a las palabras subrayadas. Cambia la forma de la palabra si es necesario.

Palabras para escoger			
reproducción	sobrar	rabia	asombroso
desencanto	astuto	codicioso	veleidoso

_____ **1.** Una persona <u>tonta</u> no se deja engañar fácilmente por los demás.

_____ **2.** Mi papá sintió <u>tranquilidad</u> después del accidente.

_____ **3.** Los invitados trajeron mucha comida; nos <u>falta</u> de todo.

_____ **4.** Tengo una hermana <u>generosa</u> que siempre quiere todo lo que tengo.

_____ **5.** ¡Qué <u>ilusión</u>! Hemos perdido otro partido.

_____ **6.** Marta es una chica <u>constante</u>; nunca sabes lo que va a hacer.

_____ **7.** Para decorar tu casa con arte antiguo, compra <u>un original</u>.

_____ **8.** Nos impresionó la calidad <u>común</u> del cuadro de Ana.

Mejora tu vocabulario

3. Primero busca la definición que corresponde a cada uno de los modismos. Luego escribe oraciones originales usando cada modismo.

a. no saber nada acerca de algo   **c.** tener presente, considerar
b. no poder dormir   **d.** enterarse, informarse

_____ **1.** tener en cuenta _____

_____

_____ **2.** ponerse al día _____

_____

_____ **3.** no saber ni jota de _____

_____

_____ **4.** pasar la noche en blanco _____

_____

Gramática

El imperfecto del subjuntivo

1. Escoge la frase de la segunda columna que mejor completa cada frase de la primera columna, según el contexto.

_____ 1. Yo dudo que las personas mayores de edad...

_____ 2. Los padres quieren que los hijos...

_____ 3. La profesora prefería que los estudiantes no...

_____ 4. Los doctores no creían que la paciente...

_____ 5. Los hijos sabían que los padres...

_____ 6. La enfermera sabe que la paciente...

_____ 7. Los estudiantes esperan que la profesora...

_____ 8. Yo sé que algunas personas mayores de edad...

a. pudiera correr y saltar por los pasillos del hospital.

b. no recoja la tarea.

c. coman frutas y verduras para crecer y ser sanos.

d. no siempre comían frutas y verduras.

e. se olviden de las aventuras de su juventud.

f. se pasean en bicicleta todos los días.

g. no corre y salta por los pasillos del hospital.

h. hicieran la tarea durante la lección.

2. Completa las oraciones sobre «Mañana de sol» con el presente del subjuntivo o el imperfecto del subjuntivo.

1. Juanito dudaba que los curas se (levanten/levantaran) del banco.

2. Doña Laura se alegró de que los curas (ocupen/ocuparan) el banco de don Gonzalo.

3. Doña Laura no quiere que Petra se (llevara/lleve) las miguitas de pan.

4. Doña Laura teme que los demás le (espanten/espantaran) los pajarillos.

5. A don Gonzalo le molestó que doña Laura (fuera/sea) tan entremetida.

6. Doña Laura leía los versos sin que don Gonzalo le (preste/prestara) sus gafas.

7. Petra le trae un ramo de violetas a doña Laura para que ella no se (enojara/enoje).

8. Don Gonzalo no recogerá las flores a menos que Juanito le (ayudara/ayude).

3. Completa las oraciones sobre *Paula* con la forma correcta del verbo entre paréntesis.

1. El Viejo Pascuero le dejó a la niña una caja con frascos de témpera y pinceles sin que ella se lo _____ (pedir).

2. La narradora escribía para que su hija _____ (leer) acerca de su pasado.

Gramática

• •

3. La madre de la narradora arregló el cuarto antes de que su hija _____

(despertarse) para descubrir los regalos.

4. La narradora escribía sobre su vida estando en el hospital, sin que su hija se

_____ (dar) cuenta.

5. El artista Marc Chagall no pintaba a menos que _____ (poder) ignorar

las normas de composición y perspectiva.

6. La narradora no podía pintar en las paredes a menos que los padres

_____ (quitar) los cuadros de ahí.

7. La autora escribía como si _____ (estar) hablando con su hija, que

estaba en estado de coma.

8. Las novias azules en la pintura de Marc Chagall volaban patas arriba como si la imagen se

_____ (mover).

4. Los padres de tu mejor amigo(a) eran muy estrictos. Completa las siguientes oraciones
sobre tu mejor amigo(a).

1. ¿Qué tenía que hacer tu amigo(a) antes de ver televisión?

Podía ver televisión con tal de que _____

2. ¿Qué tenía que hacer si quería visitar a sus amigos?

Sus padres le exigían que _____

3. ¿Cuándo podía salir a jugar?

Podía salir a jugar con tal de que _____

4. ¿Podía acostarse tarde?

No podía acostarse tarde a menos que _____

5. ¿Qué hacía tu amigo(a) cuando se enfermaba?

Sus padres le prohibían que _____

6. ¿Podía faltar a la escuela a veces?

No podía faltar a la escuela a menos que _____

Gramática

El condicional

5. Completa las oraciones sobre «Mañana de sol» y *Paula* con el condicional o el imperfecto del subjuntivo.

1. Los curas no están dando misa, pero si (estarían/estuvieran) dando misa, no se (sentaran/sentarían) en el banco de don Gonzalo.

2. Don Gonzalo no sabe que tiene a doña Laura Llorente a su lado, pero si lo (sabría/supiera), seguramente no la (llamara/llamaría) una entremetida.

3. Don Gonzalo y doña Laura discuten en voz alta, pero si (discutieran/discutirían) en voz baja, los pajarillos (comerían/comieran) las miguitas tranquilos.

4. Hay pocos árboles en el parque, pero si (habría/hubiera) más árboles, no (haría/hiciera) tanto calor.

5. Nos levantamos tarde todos los días, pero si nos (levantáramós/levantaríamos) temprano, (podríamos/pudieramos) dar de comer a los pájaros por la mañana.

6. A la narradora le gustan las pinturas de Marc Chagall. Si no le (gustaran/gustarían), ella no (querría/quisiera) imitarlas.

7. La madre de la narradora no es muy tradicional, pues si (fuera/sería) como otras madres, no (dejaría/dejara) a la niña pintar en las paredes de su habitación.

6. Julia no puede encontrar su cartera. Completa el párrafo con la forma correcta del condicional de los verbos entre paréntesis.

¡Ay! ¿Dónde está mi cartera? Si mis padres supieran que la perdí otra vez, me

1. _____ (comprar) una cartera barata y fea. Si no la hubiera perdido, no

2. _____ (tener) que perder tanto tiempo buscándola y en cambio,

3. _____ (salir) a pasear con mis amigos. Mis padres tienen razón:

4. _____ (deber) ser más responsable, pero no les voy a decir nada. Tengo

que encontrarla. Amalia dijo que la cartera 5. _____ (poder) estar en su

carro. Es posible... Voy a llamarla. Dijo que 6. _____ (venir) a visitarme esta

noche y me la podría traer.

Gramática

7. Roberto y su hermanita Laura encuentran una casa abandonada. Completa el diálogo con la forma correcta del condicional de los verbos entre paréntesis.

—¡Mira, Roberto, alguien rompió estas ventanas!

—O las **1.** _____ (romper) un viento fuerte.

—¿Tú crees?

—Esta casa está muy aislada. ¿Quién **2.** _____ (venir) hasta acá?

—No sé, **3.** _____ (poder) ser... nosotros la encontramos.

—¡Mira, Laura, hay muchos animalitos en estos cuartos! ¡No te acerques:

   4. _____ (poder) hacernos daño!

—¡Qué pena! Me **5.** _____ (gustar) acercarme a ellos, pero tienes

   razón. ¿Crees que nosotros **6.** _____ (deber) avisarle a alguien?

—Quizá mamá **7.** _____ (saber) a quién llamar. Vamos a

preguntarle.

8. Tú les preguntas a varias personas qué harían en las siguientes situaciones hipotéticas. Escribe lo que contestan usando el condicional y el imperfecto del subjuntivo.

1. Tomás, ¿qué harías si hubiera un parque de atracciones cerca de tu casa?

   _____

2. Teresa y Ana, ¿qué harían si un amigo les escribiera poesía?

   _____

3. ¿Qué haríamos si la profesora no llegara a clase?

   _____

4. Inés, ¿qué harías si un muchacho guapo estuviera enamorado de ti?

   _____

5. Carlos, ¿qué harían tus padres si sacaras una A en el examen?

   _____

6. Tú eres mi mejor amigo(a). ¿Qué harías si yo me mudara a otro país?

   _____

Gramática

· ·

7. ¿Qué crees que haría yo si mi hermanito limpiara mi cuarto?

_____

8. Papá, ¿qué haría mamá si yo preparara la cena?

_____

9. ¿Qué harías si tuvieras los siguientes problemas? Responde con un consejo para las personas que los tienen. No puedes usar ningún verbo más de una vez.

MODELO Raúl tiene tres exámenes en un día.
Si yo tuviera tres exámenes en un día, empezaría a estudiar lo más pronto posible.

1. La mejor jugadora se enfermó antes del partido del campeonato.

_____

2. Elena perdió su libro de biología.

_____

3. Arturo echa de menos a su país natal.

_____

4. Los atletas tienen que entrenarse afuera en el calor.

_____

5. El bailarín se cayó durante un espectáculo.

_____

6. Tu hermanita va al dentista.

_____

7. A la profesora se le olvidaron los exámenes de los estudiantes.

_____

8. Carmen siempre llega tarde a clase.

_____

9. Nunca entiendo al profesor de cálculo.

_____

Gramática

El futuro

10. Completa las oraciones cambiando los verbos subrayados del presente al futuro.

MODELO Hoy <u>traigo</u> las bebidas. Mañana **traeré** la comida.

1. Esta tarde <u>vamos</u> al cine. Mañana _____ al parque.

2. Anoche me <u>acosté</u> a las once. Esta noche me _____ a las diez.

3. La semana pasada no <u>hice</u> ejercicio. Esta semana _____ ejercicio todos los días.

4. Ahora no <u>tengo</u> dinero. Después de ir al banco, _____ suficiente dinero.

5. La sandía no <u>cabe</u> en el refrigerador. Después de cortarla, toda la fruta _____ en el refrigerador.

6. Es enero y <u>hay</u> mucha nieve afuera. En tres meses ya no _____ tanta nieve afuera.

7. Es el primer día de clases y el estudiante nuevo no <u>tiene</u> amigos, pero en una semana él _____ muchos amigos.

8. No <u>sabes</u> lo que descubre el detective hasta el final de la novela. Cuando la leas, _____ por qué me gustó tanto.

11. Haz una conjetura acerca de las siguientes situaciones usando el futuro del verbo subrayado.

MODELO Suena el teléfono. Te preguntas quién <u>es</u>.
¿Quién será?

1. En un restaurante, hay un señor comiendo una sopa verde. No sabes qué <u>está</u> comiendo.

_____

2. El director de la escuela llama a tu casa. Te gustaría saber por qué <u>quiere</u> hablar con tus padres.

_____

3. Tu hermano(a) menor se esconde en una caja pequeña. Te preguntas cómo <u>cabe</u> ahí.

_____

Gramática

4. Sólo Mercedes puede contestar la pregunta de la profesora. Quisieras saber cómo <u>sabe</u> la respuesta.

_____

5. Una amiga saca buenas notas pero nunca estudia. Te preguntas cómo lo <u>hace</u>.

_____

6. Estás mirando una película extranjera y no puedes entender lo que dicen los actores. Quieres saber qué <u>están</u> diciendo.

_____

7. No puedes encontrar las llaves del carro. No sabes dónde <u>están</u>.

_____

12. Contesta las preguntas usando el futuro. No puedes usar ningún verbo más de una vez.

1. ¿Qué harás después de graduarte?

_____

2. ¿Qué harán tus padres cuando te vayas de la casa?

_____

3. ¿Qué harás después de clase hoy?

_____

4. ¿Qué harán tus compañeros de clase durante las vacaciones?

_____

5. ¿Qué tendrás que hacer este fin de semana?

_____

6. ¿Qué hará tu profesor(a) el próximo año?

_____

7. ¿Qué harán tú y tu familia durante las vacaciones de invierno?

_____

8. ¿Qué harás la próxima vez que no entiendes al profesor?

_____

Comparación y contraste

El tiempo futuro y los modales

13. Traduce las oraciones al inglés.

1. Los muralistas terminarán de pintar la embajada para noviembre.

_____

2. Los padres visitarán a sus hijos todos los días menos los miércoles.

_____

3. ¿Dónde estarán mis amigos y a qué hora llegarán?

_____

4. Los novios no se verán hasta el día de su boda.

_____

5. Tengo mucha hambre. ¿Me compras un sándwich?

_____

6. Mi hermano toca la guitarra muy bien. Será un músico exitoso algún día.

_____

14. Traduce las oraciones al español.

1. The artists will sell their paintings at the market this Sunday.

_____

2. Would you ask the waiter for more water?

_____

3. The author's daughter must be very ill.

_____

4. Will you organize your desks, please?

_____

5. No one may speak during the exam.

_____

6. The town is very quiet. Everyone is probably on vacation.

_____

Ortografía

Letra y sonido

1. Completa las palabras con **c, k** o **qu.**

1. ata___e
2. re___ámara
3. al___oba
4. ___ilocaloría
5. ___ímica
6. ___ortesía
7. empa___emos
8. ___ieto
9. ___olchón

2. Completa las oraciones con **c, k** o **qu.**

1. El ___iosco ___eda a la iz___ierda, junto al hotel.

2. ¿ ___uándo ___umple ___ince años Pilar?

3. Mi ___ompadre to___a el ___larinete.

4. ¿ ___uánto ___uestan las ___esadillas?

5. ¡Ten ___uidado! No ___iero que te fra___tures el ___uello.

3. Escribe las oraciones de nuevo, corrigiendo los errores ortográficos.

1. Mi hermanita no kiso botar el chiqle antes de aqostarse.

_____

2. La esquela ceda a menos de diez quilómetros de así.

_____

3. La korbata me kostó cinientos pesos.

_____

4. ¿Quál es tu pelíqula favorita?

_____

5. La kamisa se enquogió y ahora no me ceda.

_____

6. Espero que el ekipaje cepa en el kamión.

_____

7. El escritor se enriceció con sólo kince quentos.

_____

Ortografía

La acentuación

4. Pronuncia las siguientes palabras en voz alta e identifica cuáles son llanas. Si la palabra es llana, escribe **llana.** Si no es llana, escribe una **X.**

1. doméstico _____
2. sentarse _____
3. ejército _____
4. concluyó _____
5. sombrero _____

6. riéndose _____
7. temporadas _____
8. natal _____
9. pobrecito _____
10. alquilarlo _____

5. Pronuncia las siguientes palabras en voz alta y escribe un acento escrito en las palabras que lo necesitan. Si la palabra no lleva acento escrito, escribe una **X.**

1. izquierda _____
2. carcel _____
3. huesped _____
4. album _____

5. volumen _____
6. gratis _____
7. habil _____
8. compañia _____

6. Completa las oraciones con la palabra correcta.

1. ¡Qué horror! Se me quebró el (lapiz/lápiz) durante el (examen/exámen) y tuve que usar un bolígrafo verde.

2. Para muchos la química es (dificil/difícil), pero a Silvia le fascina. Dice que es más (facil/fácil) que la historia o el francés.

3. Aunque Héctor tiene un (caracter/carácter) muy fuerte, a veces se deja llevar por las (opiniones/opiniónes) de los demás.

4. Para hacer limonada necesitas el jugo de cuatro (limones/limónes), dos tazas de agua y (azucar/azúcar) al gusto.

5. Algunos (jovenes/jóvenes) necesitan más (practica/práctica) con los verbos.

6. El profesor nos (explico/explicó) toda la (gramatica/gramática) con mucha paciencia.

COLECCIÓN 5

Caminos

«Hay un naranjo ahí» • Alfonso Quijada Urías y «La tortuga» • Pablo Neruda

Vocabulario esencial

1. Corrige estas oraciones falsas, sustituyendo una palabra del cuadro por la palabra incorrecta. Cambia la forma de la palabra si es necesario.

Palabras para escoger					
ola	lejano	piedra	desafiar	profundo	naranjo

_____ 1. Sembraron el árbol al lado de una casa cercana.

_____ 2. Antes de mudarse, el narrador vio florecer los rosales.

_____ 3. La tortuga comió aceitunas del mar plateado.

_____ 4. La tortuga se armó contra las ballenas.

_____ 5. Al fin, la tortuga se durmió entre las planchas.

_____ 6. Durante siglos la tortuga sembró los efectos del tiempo.

2. Completa las oraciones con la palabra que falta. Cambia la forma de la palabra si es necesario.

Palabras para escoger					
rígido	tapial	siglo	sembrar	rayo	florecer

1. El naranjo está detrás de un viejo _____.

2. Hace mucho tiempo, ellos _____ un naranjo similar a aquél.

3. Ahora este árbol está _____ y se ve tan bello como el otro.

4. La tortuga se la pasó nadando por siete _____.

5. Después de tanta vida, la tortuga quedó tan _____ como las piedras.

6. La tortuga estaba protegida contra las olas del mar y los _____ del cielo.

COLECCIÓN 5 • LECTURA

«Hay un naranjo ahí» y «La tortuga»

Comprensión del texto

3. Completa el cuadro con palabras o frases que describan el naranjo y la tortuga de los poemas. Luego escribe dos ideas o temas que el naranjo y la tortuga puedan simbolizar.

	Cómo se describen	**Lo que simbolizan**
El naranjo		
La tortuga		

Análisis del texto

4. Contesta las siguientes preguntas con oraciones completas.

1. Busca en los poemas un ejemplo de cada una de las siguientes figuras retóricas: metáfora, símil e hipérbole. ¿Qué efecto logran estos recursos literarios en las obras?

_____

_____

_____

_____

_____

2. Compara el concepto del viaje o camino presentado en «Hay un naranjo ahí» con el de «La tortuga». ¿Cuáles son las semejanzas y las diferencias?

_____

_____

_____

_____

_____

COLECCIÓN 5 · LECTURA

«El forastero gentil» • Sabine R. Ulibarrí

Vocabulario esencial

1. Contesta las preguntas con oraciones completas, usando una de las palabras del cuadro.

Palabras para escoger				
aturdir	herir	molido	especular	polvoriento
deducir	retar	revisar	tropezar	pegársele

1. ¿Qué hicieron todos cuando vieron al hombre salir del pinar?

_____

2. ¿Qué le pasaba al forastero mientras caminaba hacia el rancho?

_____

3. ¿Por qué quería don Prudencio darle al forastero todo lo que pidiera?

_____

4. ¿Cómo era la mirada de Dan Kraven?

_____

5. ¿En qué estado físico llegó Dan al rancho?

_____

6. ¿Qué efecto tuvieron el cansancio, el hambre y la sed de Dan en la familia de don Prudencio?

_____

7. ¿Qué hacía Dan Kraven mientras se quedaba en el rancho?

_____

8. ¿Por qué creían que Dan venía de Texas?

_____

9. ¿Cómo se ganó el padre del narrador el apodo «Sabine»?

_____

10. ¿Cómo era el camino por el que se fue Dan Kraven?

_____

COLECCIÓN 5 • LECTURA

«El forastero gentil»

Comprensión del texto

2. Completa el cuadro con tres descripciones, ya sean de la apariencia o de las acciones de Dan Kraven. Luego explica cómo interpretó la familia estos detalles.

Apariencia o acciones	Interpretación
Llamó al padre del narrador «Sabine».	Creían que venía de Texas porque allí había un río del mismo nombre.
1.	1.
2.	2.
3.	3.

Análisis del texto

3. Contesta las siguientes preguntas con oraciones completas.

1. ¿Qué crees que aprende la familia sobre los prejuicios basados en las apariencias?

_____

_____

2. ¿Qué papel tiene el suspenso en este cuento? Cita un ejemplo concreto.

_____

_____

3. ¿Por qué es importante que el narrador cuente una historia que no vivió personalmente?

_____

_____

A leer por tu cuenta

de «Coplas por la muerte de su padre» • Jorge Manrique

Crea significados

Primeras impresiones

1. ¿Cómo describirías el tono del poema?

_____

Interpretaciones del texto

2. Cita un ejemplo de paralelismo en una de las coplas. ¿Qué efecto quiere lograr el poeta?

_____

_____

3. ¿Qué figura retórica emplea el poeta al hablar de la «señora que se muda»?

_____

Vocabulario en contexto

1. Lee los siguientes versos y escribe una definición de las palabras subrayadas. Luego escribe tu interpretación del verso.

1. «No <u>se engañe</u> nadie, no,/pensando que ha de durar/lo que espera...»

Significado de la palabra: _____

Significado del verso: _____

2. «... allí los ríos <u>caudales</u>/allí los otros medianos/y más chicos...»

Significado de la palabra: _____

Significado del verso: _____

3. «Este mundo es camino/para el otro, que es <u>morada</u>/sin pesar»

Significado de la palabra: _____

Significado del verso: _____

4. «... no son sino corredores/y la muerte, la <u>celada</u>/en que caemos...»

Significado de la palabra: _____

Significado del verso: _____

COLECCIÓN 5 • LECTURA

de «Coplas por la muerte de su padre»

Comprensión del texto

2. Completa el cuadro con el tema principal de cada copla. Luego escribe una o dos imágenes literarias o frases que ilustren ese tema. Vuelve a la lectura si es necesario.

Copla	Tema principal	Frases que ilustran el tema
1		
8		
10		
12		

Análisis del texto

3. Contesta las siguientes preguntas con oraciones completas.

1. ¿Por qué crees que Manrique usa metáforas para hablar de la muerte? Busca dos ejemplos en «Coplas por la muerte de su padre».

_____

_____

_____

2. Hay seis pares de versos que riman en cada copla. ¿Qué tipo de rima usa el poeta? ¿Cuáles son los pares de palabras que riman en la primera copla? ¿Se repite este patrón en las demás coplas?

_____

_____

_____

de *Soledades* y *Campos de Castilla* • Antonio Machado

Crea significados

Primeras impresiones

1. ¿Te identificas con lo que dicen estos poemas acerca de la vida? ¿Por qué?

_____

_____

Interpretaciones del texto

2. En el primer poema Machado escribe lo siguiente: «En el corazón tenía/la espina de una pasión;/logré arrancármela un día:/ya no siento el corazón.» ¿Qué significan estas palabras? ¿Qué expresan estas palabras sobre la pasión o el amor en general?

_____

_____

_____

3. ¿Cuál es el sonido que se repite en el poema XLV? ¿Cómo se llama este recurso literario?

_____

Conexiones con el texto

4. ¿Qué significa la palabra «camino» para ti? ¿Cuáles han sido algunos de los caminos que has tomado en la vida?

_____

_____

_____

Vocabulario en contexto

1. Completa las oraciones con la palabra que falta. Cambia la forma de la palabra si es necesario.

Palabras para escoger					
sendero	espina	arrancar	huella	clavado	estela

1. No pude ver los peces bajo el agua por la _____ que dejó el barco.

2. Al plantar los rosales, Ana sintió la punzada de una _____ y gritó.

3. Encontramos una carta _____ a la puerta cuando regresamos a casa.

4. Mientras caminábamos por el _____, vimos unos animales muy extraños.

5. Al identificar la _____, el detective pudo capturar al criminal.

6. Quiero que tú _____ las malas hierbas del jardín.

Comprensión del texto

2. En el siguiente cuadro, cita el verso de cada poema en el que se encuentra la palabra «camino». Luego explica el significado metafórico de esa palabra dentro del contexto del poema.

Poema	Cita con la palabra «camino»	Significado
«Yo voy soñando...»		
XXIX		
XLIV		
XLV		

Análisis del texto

3. Contesta las siguientes preguntas con oraciones completas.

1. ¿Por qué crees que el camino es una imagen tan empleada por el poeta? ¿Se interpreta el camino desde la misma perspectiva en los cuatro poemas? Explica tu respuesta.

_____

_____

_____

_____

2. En el poema XLV, Machado escribe: «¿Caer como gota/de mar en el mar inmenso?» Identifica el tipo de figura retórica que se emplea aquí. Luego explica el significado del verso.

_____

_____

_____

_____

Vocabulario esencial

1. Completa las oraciones con la palabra que falta. Cambia la forma de la palabra si es necesario.

Palabras para escoger			
rito	especular	fugaz	deducir
herir	indispensable	emanar	zaguán

1. El agua y el oxígeno son recursos _____ para todos los seres vivos.

2. El bautismo es un _____ especial para toda la familia.

3. La estrella _____ pasó rápidamente por el cielo y desapareció.

4. El invitado se quedó esperando en el _____, sin pasar por la puerta.

5. El niño no quería _____ al pobre animal que había atrapado.

6. La abogada no quiso _____ sobre el veredicto final del juez.

7. Después de evaluar los resultados, Leo _____ la causa del problema.

8. Podíamos oler el perfume que _____ de las flores del campo.

2. Escribe en los espacios en blanco el antónimo del cuadro que mejor corresponde a las palabras subrayadas. Cambia la forma de la palabra si es necesario.

Palabras para escoger			
tercamente	sembrar	profundo	severo
polvoriento	atrevido	florecer	rígido

_____ **1.** Josué, un estudiante muy <u>tímido</u>, cantó solo delante de todos sus compañeros.

_____ **2.** El director de la escuela estableció unas reglas muy <u>flexibles</u>.

_____ **3.** En el sótano había unos muebles viejos y <u>recién sacudidos</u>.

_____ **4.** En mi opinión, el castigo que le dieron al pobre niño fue demasiado <u>ligero</u>.

_____ **5.** La novia sintió un amor <u>superficial</u> por su novio.

_____ **6.** Los campesinos <u>cosecharon</u> el maíz en los campos más fértiles.

_____ **7.** Espero que estas rosas <u>marchiten</u> con tanto sol y agua.

_____ **8.** Ana, por ser tan obstinada, siguió <u>indiferentemente</u> por el camino equivocado.

Vocabulario esencial

Mejora tu vocabulario

3. Usa las palabras dadas como punto de partida y completa el cuadro con las palabras o expresiones relacionadas que faltan. Puedes consultar un diccionario si es necesario.

Planta o árbol	Fruta	Comida o bebida	Color(es)
	naranja		
		pastel de cerezas	
nogal			
platanero			
	uva		

COLECCIÓN 5 • VOCABULARIO

Nuevas vistas Curso avanzado I

Gramática

El presente perfecto del indicativo

1. Completa el diálogo con la forma correcta del presente perfecto del indicativo de los verbos entre paréntesis.

—Roberto, ¿**1.** _____ (oír) cantar alguna vez a Marisa Monte?

—No sé. Creo que **2.** _____ (ver) su nombre. ¿Es mexicana?

—Pues no. Es brasileña.

—Laura, tú siempre me **3.** _____ (sorprender) con lo que sabes de la música.

¿Cómo es que **4.** _____ (lograr) tener un conocimiento tan vasto?

—Es que mis padres siempre **5.** _____ (hacer) lo posible por escuchar una gran

variedad de música.

—Pues yo siempre **6.** _____ (querer) aprender a cantar y a bailar, pero como

siempre me **7.** _____ (dar) vergüenza, nunca aprendí y ahora me arrepiento.

—Y yo siempre **8.** _____ (desear) un compañero que me acompañe a las fiestas

escolares, así que no te preocupes, que yo te enseño a bailar.

2. Completa las oraciones con la forma correcta del verbo para darle el significado de la explicación entre paréntesis.

MODELO Roberto todavía no (practicó/<u>ha practicado</u>) con Laura.
 (pero lo harán por primera vez este fin de semana)

1. ¡Y ahora (llegó/ha llegado) la hora de ver si de veras quieres aprender a bailar! *(es la hora acordada por fin)*

2. Ayer durante el día (practiqué/he practicado) los pasos que me mostraste. *(anoche, pero hoy no practiqué)*

3. Los demás compañeros (estuvieron/han estado) muy curiosos acerca de nuestras lecciones de baile. *(desde que supieron que íbamos a practicar juntos)*

4. Creo que (abrimos/hemos abierto) una caja de Pandora. *(cuando decidí enseñarte a bailar)*

5. ¿Ya te (pusiste/has puesto) zapatos cómodos para practicar? *(cuando te cambiaste de ropa para la práctica)*

6. Todavía no le (dijimos/hemos dicho) a la profesora por qué nos ausentamos ayer. *(porque no queremos que nadie sepa de nuestras lecciones)*

Gramática

· ·

3. Contesta las preguntas usando la forma correcta del presente perfecto del indicativo. Usa dos verbos diferentes en tu respuesta.

> **MODELO** ¿Qué has hecho por el medio ambiente últimamente?
> **He reciclado la basura y he participado en campañas en contra de la contaminación.**

1. ¿Qué has hecho para ayudar con los quehaceres de la casa?

_____

2. ¿Qué han hecho tú y tus amigos para divertirse en los últimos dos meses?

_____

3. ¿Qué han hecho recientemente los estudiantes en la clase de ciencias?

_____

4. ¿Qué has hecho para prepararte para el próximo examen?

_____

5. ¿Qué ha hecho tu mejor amigo(a) para animarte últimamente?

_____

6. ¿Qué cosas importantes has hecho este año?

_____

El presente perfecto del subjuntivo

4. Completa el párrafo con el presente del subjuntivo o el presente perfecto del subjuntivo.

> Querido Diario,
>
> Como tenemos el examen de química mañana, dudo que **1.** (duerma/haya dormido) lo suficiente esta noche. Parece mentira que **2.** (cubramos/hayamos cubierto) cinco capítulos en las últimas dos semanas. Sólo espero que el profesor nos **3.** (prepare/haya preparado) bien— me sorprende que no nos **4.** (dé/haya dado) un repaso esta semana. No creo que mis amigos **5.** (lean/hayan leído) los primeros capítulos, así que es imposible que **6.** (saquen/hayan sacado) una buena nota sin un repaso. Voy a recordárselo a Jorge en caso de que todavía no **7.** (empiece/haya empezado) a estudiar. Bueno, temo que ya **8.** (pierda/haya perdido) mucho tiempo escribiéndote. Hasta mañana.

Gramática

5. Completa las oraciones con la forma correcta del presente perfecto del subjuntivo o del indicativo de los verbos entre paréntesis.

1. Espero que Belén y Pablo me _____ (traer) un recuerdo de su viaje.

2. Creo que ellos ya _____ (volver) de Buenos Aires.

3. Tengo varios amigos que _____ (vivir) en Santiago de Chile.

4. Creo que nosotros _____ (ahorrar) el dinero para viajar a Perú.

5. Pero Belén me _____ (decir) que los boletos de avión son caros.

6. Es una lástima que ella no nos _____ (escribir) desde Argentina.

7. Dudo que Belén _____ (tener) tiempo para escribirle a nadie.

6. Para cada una de las siguientes oraciones, escribe una reacción usando una de las expresiones del cuadro y el presente perfecto del subjuntivo de los verbos subrayados.

Parece extraño que...	Pienso que...	Me alegro mucho que...
Es increíble que...	Siento mucho que...	Es una lástima que...
(No) Creo que...	(No) Dudo que...	Es improbable que...

MODELO   Anoche esperaba una llamada de Luis pero no me llamó.
          Parece extraño que no te haya llamado.

1. El domingo <u>dormí</u> hasta las dos de la tarde.

   _____

2. <u>Pasé</u> el fin de semana en Barcelona.

   _____

3. <u>Perdimos</u> todas nuestras maletas en el aeropuerto.

   _____

4. Estudié sólo tres horas para el examen y <u>saqué</u> una A.

   _____

5. ¡Ayer <u>me puse</u> dos zapatos diferentes!

   _____

6. <u>Leímos</u> todas las lecturas del libro de texto en dos días.

   _____

Gramática

El pluscuamperfecto del indicativo

7. Completa el párrafo usando la forma correcta del pluscuamperfecto del indicativo de los verbos entre paréntesis.

> ¡Qué viaje! Cuando nos levantamos para ir al aeropuerto, ya **1.** _____
>
> (hacer) las maletas, pero Andrés no le **2.** _____ (poner) gasolina al
>
> carro. Y yo le **3.** _____ (decir) tres veces que no se le olvidara. Antes
>
> de que llegara el taxi, nosotros ya **4.** _____ (perder) los boletos de
>
> avión. Los busqué por todas partes, sin recordar que los **5.** _____
>
> (meter) en la mochila. Cuando por fin los encontré, Andrés **6.** _____
>
> (subir) al taxi donde me esperaba impacientemente. Cuando llegamos al
>
> aeropuerto, **7.** _____ (empezar) a llover y nos mojamos
>
> completamente. Antes de ese día, siempre **8.** _____ (creer) que viajar
>
> era puro placer.

8. Completa las oraciones con la forma correcta del pluscuamperfecto de los verbos subrayados.

MODELO   Lo invité a <u>almorzar</u>, pero él **ya había almorzado con sus papás.**

1. Llamé a José para que <u>fuéramos</u> a la piscina, pero él ya _____

2. Quería <u>ver</u> esa película con mis amigos, pero ellos ya la _____

3. Invité a mi amiga a <u>jugar</u> al tenis, pero ella ya _____

4. Íbamos a <u>hacer</u> las galletas para la fiesta, pero Isabel ya las _____

5. Le recomendé a Lily que <u>leyera</u> esa novela, pero ella ya la _____

6. Yo te pensaba <u>decir</u> el secreto de Manuel, pero él ya te lo _____

Gramática

9. Combina los elementos para formar oraciones completas, usando la forma correcta del pretérito y el pluscuamperfecto del indicativo.

MODELO   yo / ya / haber / bañarse / cuando / tú / llegar
Yo ya me había bañado cuando tú llegaste.

1. cuando / yo / cumplir dieciséis años / ya / haber / aprender / a manejar un carro

_____

2. yo / ya / haber / acostarse / cuando / mis padres / volver / a casa

_____

3. cuando / nosotros / sentarse / la profesora / ya / haber / empezar / la clase

_____

4. mi hermana / ya / haber / estudiar / francés / cuando / ir / a la universidad

_____

5. cuando / tú / volver / con la pizza / nosotros / ya / haber / almorzar

_____

El pluscuamperfecto del subjuntivo

10. Completa la carta usando la forma correcta del pluscuamperfecto del subjuntivo de los verbos entre paréntesis.

Querida Mamá,

Yo te habría llamado el sábado si no **1.** _____ (estar) en la fiesta de la abuela de Juan. Fue una lástima que tú no la **2.** _____ (conocer) antes de que se fuera, pues Uds. dos son muy parecidas. Durante la fiesta, ella cantaba las mismas canciones que cantas tú— me parecía que **3.** _____ (poder) ser hermanas. Habría sido muy lindo si tú **4.** _____ (asistir) a aquella fiesta. Esperaba que **5.** _____ (terminar) tu trabajo para el sábado.

Ojalá que yo **6.** _____ (saber) que tenías tanto que hacer porque te habría ayudado.

Pilar

Gramática

11. Completa las oraciones con la forma correcta del presente perfecto del subjuntivo o del pluscuamperfecto del subjuntivo de los verbos entre paréntesis.

I. Espero que la abuela _____ (gozar) de su fiesta de cumpleaños.

2. Si yo no la _____ (ver) bailar con mis propios ojos no lo habría creído.

3. Nadie creía que ella _____ (tomar) lecciones de baile.

4. Me gusta que ella _____ (enseñar) a sus nietos a bailar.

5. Ojalá que nosotros _____ (tener) una cámara para tomar unas fotos.

6. Todos dudábamos que ella nos _____ (permitir) tomarle fotos.

7. Nos contaron que si el abuelo se _____ (tardar) sólo un día en

proponerle matrimonio a la abuela, otro hombre lo habría hecho primero.

8. Me alegro que todos nosotros _____ (pasar) un buen rato con nuestra

familia.

12. Siguiendo el modelo, escribe cinco oraciones diciendo lo que habría pasado si ciertas cosas (no) hubieran sucedido.

MODELO   Tuve un accidente y no pude trabajar.
  Si no hubiera tenido el accidente, habría podido trabajar.

I. Perdí las llaves del carro y llegué tarde a clase.

_____

2. No hice la tarea y el profesor le escribió una nota a mi papá.

_____

3. Peleé con mi mejor amigo(a) y no nos hablamos por dos semanas.

_____

4. Rompí los lentes de la profesora y ella se enojó conmigo.

_____

5. No entendí la lección y saqué una mala nota en el examen.

_____

Gramática

· ·

La secuencia de tiempos verbales

13. Completa las oraciones con la forma correcta de los verbos entre paréntesis.

1. Roberto (dice/dijo) que quiere comprarle un regalo a su hermana.

2. La madre de Arturo llamó para decirme que él ya (sale/había salido).

3. Marisol no sirvió el pastel hasta que (han llegado/llegaron) todos los invitados.

4. Te (habría contado/había contado) lo que sucedió, si me hubieras dejado hablar.

5. La profesora nos prohibió que (durmiéramos/hubiéramos dormido) durante la clase.

6. Mis padres esperan que (vengas/vinieras) a visitarnos esta noche.

14. Completa las oraciones con la forma correcta de los verbos entre paréntesis.

1. Dudo que tú _____ (llegar) temprano mañana.

Dudo que tú _____ (llegar) temprano ayer.

2. Qué lástima que Uds. no _____ (poder) cenar conmigo anoche.

Qué lástima que Uds. no _____ (poder) cenar conmigo cuando vengan.

3. No creía que ella _____ (estudiar) mucho cuando estaba en la secundaria.

No creía que ella _____ (estudiar) tanto antes de tomar el examen.

4. Sería mejor que nosotros _____ (empezar) el trabajo ahora mismo.

Qué bueno que nosotros ya _____ (empezar) el trabajo.

15. Contesta las siguientes preguntas con oraciones completas.

1. ¿Cómo crees que sería tu vida si decidieras irte a estudiar al extranjero?

_____

2. ¿Qué había hecho el profesor antes de empezar la clase hoy?

_____

3. ¿Cómo te sentirías si tuvieras que mudarte?

_____

4. ¿Qué le recomendarías a un amigo que quisiera asistir a la universidad?

_____

Comparación y contraste

• •

El infinitivo y los tiempos verbales

16. Combina los elementos para formar oraciones completas, usando la forma correcta de los verbos en el presente y en el pasado.

1. la profesora / exigir / nosotros / hacer / la tarea en casa

Presente: _____

Pasado: _____

2. nosotros / esperar / la profesora / no / nos / dar / tanta tarea

Presente: _____

Pasado: _____

3. ser / una lástima / nosotros / no / poder / salir el viernes

Presente: _____

Pasado: _____

17. Traduce las oraciones al español.

1. The teacher told me to be ready to take the test tomorrow.

_____

2. My relatives asked my sister and me to help with the dishes.

_____

3. We need you to take us to the airport.

_____

4. It would be better for Raúl to call Rosa now.

_____

5. Pedro wanted you to be the photographer at the party so that he could dance.

_____

Nuevas vistas Curso avanzado I

Ortografía

• •

Letra y sonido

1. Completa las palabras con **g** o **j**.

1. a___encia	**5.** ___arabe	**9.** má___ico
2. ___irar	**6.** e___ercer	**10.** paisa___e
3. condu___imos	**7.** ___igante	**11.** mensa___ero
4. terminolo___ía	**8.** ___inete	**12.** indí___ena

2. Completa las oraciones con la forma correcta de los verbos entre paréntesis.

1. Yo siempre _____ (proteger) a mi hermano cuando los otros chicos se

burlan de él.

2. El gobierno _____ (reducir) los impuestos el año pasado.

3. Anoche _____ (surgir) unos problemas que no pudimos resolver.

4. El juez nos exigió que le _____ (decir) toda la verdad sobre el accidente.

5. ¿Sabes quién _____ (traducir) *Don Quijote* al inglés por primera vez?

6. Prefiero que tú _____ (escoger) el regalo para Ernesto este año.

7. A mi mamá no le gustó que yo _____ (conducir) tan rápido.

3. Escribe las oraciones de nuevo, corrigiendo los errores ortográficos.

1. En el zoológico vimos unas girafas que protejían a su cría.

_____

2. El jerente exigía que sus empleados nunca contradigeran a los clientes.

_____

3. Querían que la ingeniera dirijiera la construcción de la relogería y del garage al lado.

_____

4. Después de correjir las composiciones sobre la genealogía, la profesora elijió la mejor
para el concurso.

_____

Ortografía

La acentuación

4. Primero pronuncia las siguientes palabras en voz alta y divídelas en sílabas. Luego escribe **A** si la palabra es aguda, **E** si es esdrújula y **S** si es sobresdrújula.

_____ 1. cascabel _____

_____ 2. prepáranoslo _____

_____ 3. ciudad _____

_____ 4. saldré _____

_____ 5. teléfono _____

_____ 6. personal _____

_____ 7. práctica _____

_____ 8. álgebra _____

_____ 9. temblor _____

_____ 10. diciéndoselo _____

_____ 11. búsqueda _____

_____ 12. violín _____

5. Escribe un acento escrito en las palabras que lo necesitan.

1. El doctor viajo a Peru y despues a Panama.

2. Es una lastima que mi papa no sepa hablar frances.

3. El huesped pago la cuenta y pidio un taxi al aeropuerto.

4. El Oceano Atlantico esta a solo diez kilometros de aqui.

5. Este programa de computadora es util y cuesta veintitres dolares.

6. Oi que tu tambien nos acompañaras a ver la pelicula.

7. Me estaba acostando cuando alguien toco a la puerta.

8. ¿Sabes donde esta la lampara que nos regalo tu tia?

Tierra, sol y mar

de «Valle del Fuego» • Alejandro Balaguer

Vocabulario esencial

1. Busca la definición que corresponde a cada una de las palabras.

_____ **1.** custodiar

_____ **2.** diminuto

_____ **3.** dominio

_____ **4.** fauna

_____ **5.** pasto

_____ **6.** realizar

a. territorio sujeto a un estado o soberano

b. reino animal

c. hierba que pace el ganado

d. hacer real, efectuar, llevar a cabo

e. extremadamente pequeño

f. cuidar, guardar, observar desde una altura

2. Completa el párrafo con las palabras que faltan. Cambia la forma de la palabra si es necesario.

Palabras para escoger				
tallar	diminuto	gélido	peregrinar	alucinante
coloso	realizar	nevado	techo	

Nuestro pueblo es conocido por las grandes cantidades de nieve que cae cada invierno,

así dejando las montañas completamente **1.** _____. De hecho, en enero, gente

de todas partes del país **2.** _____ al pueblo para participar en un evento muy

especial. Nosotros **3.** _____ un gran castillo de hielo en el parque. Con las

manos **4.** _____ por el frío, los ciudadanos **5.** _____ un proyecto

verdaderamente **6.** _____ que parece de sueño. Es tan alto el castillo que

desde el **7.** _____ la gente abajo se ve **8.** _____. El edificio llega

a ser un enorme **9.** _____ que domina el paisaje del pueblo.

de «Valle del Fuego»

Comprensión del texto

3. Completa el cuadro con por lo menos dos imágenes o expresiones usadas por el autor para describir todo lo que vio en el Valle del Fuego.

los volcanes	el cóndor
el cañón	el río
el géiser	la vicuña

Análisis del texto

4. Contesta las siguientes preguntas con oraciones completas.

1. Muchas de las imágenes en este relato se relacionan con la vista. Volviendo al texto, cita dos ejemplos de imágenes visuales. Luego explica por qué este autor, un fotógrafo profesional, emplearía este tipo de imagen.

_____

_____

_____

2. Para crear estas imágenes, el autor utiliza una variedad de recursos literarios. Da un ejemplo del relato de cada uno de los siguientes elementos.

metáfora: _____

símil: _____

personificación: _____

de *Aydin* • Jordi Sierra i Fabra

Vocabulario esencial

1. Busca la definición que corresponde a cada una de las palabras.

_____ 1. insólito

_____ 2. reñir

_____ 3. prodigio

_____ 4. mezquita

_____ 5. incertidumbre

_____ 6. red

a. disputar, contender de obra o de palabra, regañar

b. templo donde oran los musulmanes

c. contrario a lo acostumbrado

d. aparejo que sirve para cazar o pescar

e. cosa que parece en contradicción con las leyes de la naturaleza, milagro

f. duda, falta de certeza, indecisión

2. Completa las oraciones con la palabra que falta. Cambia la forma de la palabra si es necesario.

Palabras para escoger			
aglomeración	encierro	asombroso	reclamar
engullir	alimentación	disputar	desesperación

1. Una tormenta le permitió a la ballena escaparse de su _____ en Ucrania.

2. Los pescadores turcos le proveían _____ y amistad a la ballena.

3. Aydin tomaba los peces y se los _____ con delicadeza.

4. Aydin tenía una inteligencia _____.

5. La presencia de Aydin atrajo a Gerze a una _____ de gente.

6. Tres países _____ el destino de Aydin.

7. El gobierno ucraniano _____ el regreso de Aydin al laboratorio.

8. Godar sintió una terrible _____ tratando de convencer a Aydin que se fuera.

COLECCIÓN 6 · LECTURA

de *Aydin*

. . . .

Comprensión del texto

3. En cada óvalo, escribe la meta o el deseo de la(s) persona(s) indicada(s) con respecto a
Aydin. Luego conecta con una línea de un color los óvalos de los personajes que están
de acuerdo entre sí. Conecta con una línea de otro color los óvalos de los que están
en conflicto.

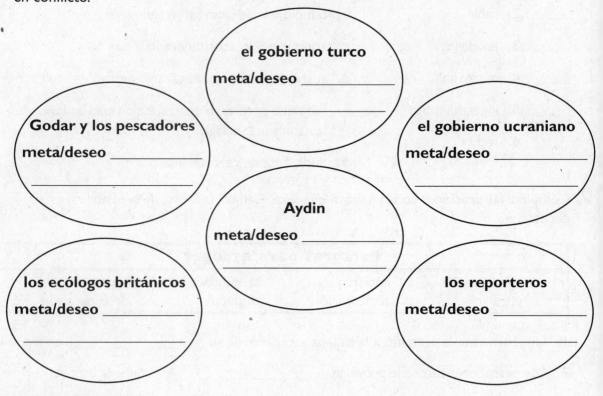

el gobierno turco

meta/deseo _____

_____

Godar y los pescadores

meta/deseo _____

_____

el gobierno ucraniano

meta/deseo _____

_____

Aydin

meta/deseo _____

_____

los ecólogos británicos

meta/deseo _____

_____

los reporteros

meta/deseo _____

_____

Análisis del texto

4. Contesta las siguientes preguntas con oraciones completas.

I. Entre tanto desacuerdo, ¿dónde cae la simpatía del autor? Cita dos ejemplos del texto
que apoyen tu opinión. ¿Cómo usa el autor las palabras para expresar su preferencia?

_____

_____

_____

2. ¿Cómo describe el autor a Aydin? ¿Qué tipo de caracterización usa para retratar a la
ballena? Da un ejemplo. ¿Qué tipo de caracterización te parece más eficaz en este cuento?

_____

_____

Nuevas vistas Curso avanzado I

A leer por tu cuenta

«Romance sonámbulo» • Federico García Lorca

Crea significados

Repaso del texto

a. ¿Dónde está la mujer que se describe en el poema? ¿Cómo es ella y qué hace?

_____

_____

b. En el verso 25, el poeta presenta al compadre y a un mocito. ¿Qué hacen estos dos personajes?

_____

c. ¿Qué relación crees que existe entre el mocito y la mujer? ¿Por qué crees así?

_____

Primeras impresiones

I. ¿Cuál es el tema principal del poema? Explica tu respuesta.

_____

_____

Preguntas al texto

2. En tu opinión, ¿qué sucede al final? ¿Cómo lo sabes?

_____

Vocabulario en contexto

1. Busca la definición que corresponde a cada una de las palabras.

_____ **I.** baranda		**a.**	papel que sirve como abrasivo para pulir madera
_____ **2.** lija		**b.**	en un balcón, antepecho compuesto de balaustres
_____ **3.** mecerse		**c.**	salir un líquido en gotas, poco a poco
_____ **4.** rezumar		**d.**	resonar, hacer ruido
_____ **5.** retumbar		**e.**	moverse de un lado a otro, como la cuna de un niño

«Romance sonámbulo»

Comprensión del texto

2. Completa el cuadro con uno o dos ejemplos de los siguientes recursos literarios.

Recursos literarios	Ejemplos de «Romance sonámbulo»
Aliteración: Repetición de sonidos similares en un grupo de palabras.	
Imágenes: Representaciones de cosas o ideas que estimulan cualquiera de los cinco sentidos por medio del lenguaje.	
Paralelismo: Repetición de palabras o de ideas que son similares en la forma, el significado o el sonido.	
Repetición: Recurso por medio del cual se repiten palabras, frases, ritmos o sonidos.	
Rima asonante: Repetición del sonido de las vocales.	

Análisis del texto

3. Busca la definición de la palabra «sonámbulo» en el diccionario. ¿Cómo se relacionan esta palabra y el título del poema con las imágenes del poema? En tu opinión, ¿qué efecto buscaba el poeta?

_____

_____

_____

Vocabulario esencial

1. Escribe en los espacios en blanco el sinónimo del cuadro que mejor corresponde a las palabras subrayadas. Cambia la forma de la palabra si es necesario.

Palabras para escoger			
habitar	petrificarse	realizar	quebrada
fauna	nevado	acuático	entraña

_____ **1.** Mis compañeros y yo hemos <u>llevado a cabo</u> un proyecto muy interesante.

_____ **2.** Algunos animales <u>que viven en el océano</u> son mamíferos enormes.

_____ **3.** El árbol <u>se hizo piedra</u> después de miles de años en el desierto.

_____ **4.** Entraron en las <u>profundidades</u> de la cueva donde descubrieron el tesoro.

_____ **5.** El exiliado se escondió en <u>el barranco</u> de las montañas.

_____ **6.** Tuvimos una vista panorámica de la sierra <u>cubierta de nieve</u>.

_____ **7.** Una especie de tortuga en peligro de extinción <u>vive en</u> este lago.

_____ **8.** El fotógrafo fue premiado por las fotos que había tomado de <u>los animales</u> del Amazonas.

2. Escribe en los espacios en blanco el personaje de *Aydin* que mejor corresponde a cada una de las descripciones.

Personajes: Aydin, Godar, los pescadores, los ucranianos, los periodistas

_____ **1.** Se iban en sus embarcaciones a atrapar su comida en grandes redes.

_____ **2.** Fue la víctima de un desplazamiento contencioso.

_____ **3.** Quería que la asombrosa ballena se refugiara en Gerze para siempre.

_____ **4.** Reclamaban la devolución del animal liberado cuanto antes.

_____ **5.** Se le consideraba tanto un prodigio como un símbolo de la discordia.

_____ **6.** A estas personas no les convenía la reticencia de los habitantes de Gerze.

_____ **7.** Sintió desesperación ante una situación insólita.

COLECCIÓN 6 • VOCABULARIO

Vocabulario esencial

Mejora tu vocabulario

3. Completa el párrafo con la palabra correcta.

Durante el proceso, los abogados tuvieron **1.** (un argumento/una discusión) sobre el

2. (carácter/personaje) del acusado, quien finalmente **3.** (admitió/confesó) lo que había

hecho. Todos los **4.** (parientes/padres) del acusado **5.** (atendieron el/asistieron al) proceso, y

sus **6.** (parientes/padres) **7.** (asumieron/supusieron) toda la responsabilidad por las acciones

de su hijo. **8.** (Actualmente/En realidad), todos están esperando la decisión final del juez,

quien les **9.** (avisó/aconsejó) que **10.** (no les hicieran caso/ignoraran) a los periodistas.

4. Busca la definición que corresponde a cada una de las palabras. Luego escribe
oraciones originales usando cada palabra.

a. acontecimiento

b. relativo al pueblo

c. poner una cosa sobre otra,
referir a un caso particular

d. correcto, fino, civilizado

e. vulgar, grotesco

_____ **1.** aplicar _____

_____

_____ **2.** educado _____

_____

_____ **3.** ordinario _____

_____

_____ **4.** popular _____

_____

_____ **5.** suceso _____

_____

COLECCIÓN 6 • VOCABULARIO

Gramática

....

El infinitivo

1. Completa las oraciones con el infinitivo del verbo subrayado.

1. Todavía no <u>he visto</u> a mi mamá pero acabo de _____ a mi papá en la cocina.

2. <u>Oye</u>, Pedro, ¿tú puedes _____ lo que están diciendo aquellos señores?

3. Queremos que la fiesta <u>empiece</u> a las ocho pero va a _____ a las nueve.

4. Temía que el bebé <u>se cayera</u> otra vez; acababa de _____ del sillón.

5. Quise _____ al ver que todos se <u>habían dormido</u> en medio de la película.

6. Mi hermanito se <u>puso</u> furioso cuando le tuve que _____ la chaqueta.

7. Es difícil _____ en la fiesta cuando <u>estamos pensando</u> en los exámenes.

8. ¿Por qué no le <u>dijiste</u> la verdad a Cristina? ¿Cuándo se la vas a _____?

9. Esta vez tienes que _____ tú. ¡Yo <u>pagué</u> la última vez!

10. Quiero que <u>te acuestes</u> temprano esta noche. No vuelvas a _____ a las dos.

2. Completa las oraciones con la forma correcta del verbo entre paréntesis. Luego escoge la razón por la cual se usa el infinitivo. Si no se usa el infinitivo, escribe una **X**.

a. Se usa como sujeto de la oración.
b. Se usa como complemento directo.
c. Se usa como complemento del verbo de percepción.
d. Se usa como complemento de la preposición.

MODELO   **a** (<u>Subir</u>/Subiendo) a la montaña fue un reto increíble.

_____ **1.** El (ver/vi) a mi abuelo disfrazado de Papá Noel en la Navidad me hizo reír.

_____ **2.** A mis abuelos les gusta (recuerdan/recordar) sus Navidades en México.

_____ **3.** (Oír/Oyeron) los villancicos en español fue el mejor regalo para ellos.

_____ **4.** «Noche de paz» es una de las canciones más difíciles de (interpretar/interpretan) para los niños.

_____ **5.** Mi madrina los escuchó (ensayaron/ensayar) toda la tarde.

_____ **6.** Le pidieron a mi abuela que les (enseñara/enseñar) algunas canciones viejas.

_____ **7.** ¿Es necesario que (llevar/llevemos) a los niños a la presentación del coro?

_____ **8.** Quiero (conozcamos/conocer) las tradiciones de nuestros dos países.

Gramática

. . . .

3. Escribe las oraciones de nuevo, reemplazando las palabras subrayadas con un infinitivo y haciendo cualquier otro cambio que sea necesario.

MODELO   Te llamaré <u>cuando encuentre</u> el periódico con mi foto.
Te llamaré al encontrar el periódico con mi foto.

1. <u>Cuando salimos</u> de la casa, nos olvidamos de llevar un paraguas.

_____

2. Dije lo primero que se me ocurrió para <u>que se calmara la abuela</u>.

_____

3. La nieve <u>cuando cae</u> sobre el bosque es muy hermosa.

_____

4. Los viajeros <u>que llegan</u> del extranjero tienen que pasar por la aduana.

_____

5. Pensamos que no valió la pena <u>el gasto</u> de tanto dinero en unos zapatos tan feos.

_____

6. <u>Cuando abrí</u> la puerta, vi que todos mis amigos me estaban esperando.

_____

4. Escribe dos avisos u órdenes usando infinitivos que podrías encontrar en cada uno de los lugares indicados.

En el museo:

En el parque:

Gramática

• •

En la biblioteca:

En el avión:

El gerundio

5. Completa las oraciones con el gerundio del verbo subrayado.

1. Siempre hemos <u>estudiado</u> en la biblioteca y seguiremos _____ allí.

2. Ayer <u>buscaron</u> al perro por todas partes y hoy andan _____ al gato.

3. Quiero <u>aprender</u> otro idioma aunque seguiré _____ francés.

4. Anoche no <u>dormí</u> bien, y por eso ahora me estoy _____ en la clase.

5. Antes nos <u>cansábamos</u> de trabajar tanto pero ahora nos vamos _____

cada vez menos.

6. El niño siguió _____ como si nada después de <u>jugar</u> todo el día con

sus amigos.

7. Los jóvenes andan _____ durante el recreo pero nunca <u>gritan</u> en clase.

8. ¿Continuarás _____ en la biblioteca el año que viene o <u>trabajarás</u>

en otro sitio?

9. Ayer me <u>emocioné</u> al oír que mis padres querían comprar un carro nuevo y ahora

me estoy _____ aún más, pues resulta que el carro es para mí.

10. Ya están _____ el plato principal aunque acaban de <u>servir</u> los entremeses.

COLECCIÓN 6 · GRAMÁTICA

Gramática

6. Completa la carta con el gerundio de los verbos entre paréntesis.

Querida prima,

Desde que regresamos de Uruguay me pregunto qué estarán **1.** _____
(decir) de nosotros nuestros nuevos amigos y si siguen **2.** _____ (ir) a
diario a la pizzería del barrio. Mi hermana y yo siempre le estamos **3.** _____
(pedir) a mi mamá que nos deje llamarlos por teléfono, pero es caro.

   Sigo **4.** _____ (leer) un libro para mi clase de literatura que me hace pensar mucho en ustedes. Ahora que estoy **5.** _____ (sentir) más confianza en
mí mismo al hablar español, ya no me ando **6.** _____ (dormir) en las clases
de la señorita Alvarado.

   Oye... tengo que dejarte pues mi mamá ya se está **7.** _____ (vestir) para llevarnos al centro y no quiero que anden **8.** _____ (creer) que se van a ir sin mí.

Antonio

7. Escribe las oraciones de nuevo, reemplazando las palabras subrayadas con un gerundio
y haciendo cualquier otro cambio que sea necesario.

MODELO <u>Cuando pasé</u> frente al hospital me acordé de mi cita con el médico.
Pasando frente al hospital me acordé de mi cita con el médico.

1. Siempre baño a mi perrita Lulú <u>mientras escucho</u> salsa y merengue.

_____

2. Mi mamá salió del salón <u>mientras hablaba</u> con mi tía por el celular.

_____

3. Ernesto logró graduarse <u>mientras trabajaba</u> de noche en un supermercado.

_____

4. Liana se fue <u>cuando sabía</u> que le tenía que hablar.

_____

5. <u>Al descansar</u> se renuevan las ideas y la energía.

_____

• •

6. No podemos quedarnos más <u>pues tenemos</u> poco tiempo para llegar al teatro.

_____

7. Josefina siempre <u>anda preocupada</u> por los problemas del mundo.

_____

8. Escribe un diálogo de seis líneas usando por lo menos un gerundio en cada línea. Imagina que la mamá de Antonio le dio permiso para llamar a su prima en Uruguay. Antonio tiene una novia nueva.

ANTONIO _____

PRIMA _____

ANTONIO _____

PRIMA _____

ANTONIO _____

PRIMA _____

Las preposiciones

9. Completa las oraciones con la preposición correcta entre paréntesis.

1. En el parque de diversiones, los carritos chocones iban (desde/de) lado a lado.

2. Los niños gritaban (por/con) las manos en alto al descender la montaña rusa.

3. No he visto a Andrés (desde/durante) que le entregaron el cono de helado.

4. Rogelio no quiso montarse en la rueda de Chicago (entre/sin) su esposa.

5. Juanito se escondió (debajo/bajo) de una banca porque tenía miedo de los payasos.

6. Pasamos (por/para) los juegos pero decidimos no jugar.

7. (En lugar de/Para) montarse en los avioncitos, Eli se montó en los submarinos.

8. Mi primo comió algodón dulce (hacia/hasta) que se le manchó la lengua de azul.

9. Entramos a la casa de los espejos (antes de/lejos de) decírselo a mi mamá.

10. Mis abuelos se escaparon para ir al túnel de los enamorados (sin/con) los niños.

COLECCIÓN 6 · GRAMÁTICA

Gramática

10. Completa el diálogo con la preposición correcta del cuadro.

Palabras para escoger			
durante	según	en contra de	antes de
por	a	después de	de

—Hola, Rodrigo. ¿Cómo está tu hermano **1.** _____ haberse comido cinco

perros calientes **2.** _____ montarse en la rueda de Chicago?

—Un poco mejor, gracias. No quiere que le hablemos **3.** _____

eso **4.** _____ ahora.

—Claro. Estará avergonzado por haber ido **5.** _____ las órdenes

de su mamá.

—Avergonzado es poco. **6.** _____ él, se va **7.** _____

convertir en vegetariano.

—Lo dudo. Pero seguro que no comerá más perros calientes **8.** _____

un tiempo, al menos hasta que volvamos al parque.

11. Completa las oraciones con **por** o **para.** Puedes consultar el cuadro en la página 348
de tu libro de texto si es necesario.

Miguel, un muchacho boliviano, va a vivir aquí en Estados Unidos **1.** _____

un año. Viene **2.** _____ aprender inglés y conocer las culturas

representadas en nuestro país. Creo que va a quedarse **3.** _____ un mes

en casa de unos amigos de sus padres y que luego viajará **4.** _____ el país

hasta que comiencen sus clases. Saldrá **5.** _____ Nueva York dentro

de dos días y **6.** _____ ser su primera vez en Estados Unidos, su papá

lo acompañará **7.** _____ una semana. ¿Creen que estaremos listos

8. _____ su llegada a nuestra escuela en un mes?

¡**9.** _____ supuesto que sí! ¡**10.** _____ cuando llegue,

estaremos bien preparados!

Gramática

· ·

12. Completa las siguientes oraciones con por lo menos cinco palabras.

MODELO Compré unas flores para **mi abuela porque estaba enferma.**

I. Hice un pastel para _____

2. Anoche mis amigos y yo pasamos por _____

3. Limpié mi cuarto para _____

4. Vinieron para _____

5. Corrí por _____

6. Compré esta chaqueta por _____

7. Hay que terminar esta tarea para _____

8. Tuvimos que trabajar por_____

9. Ernesto, ve a la cocina por_____

10. Mañana mis padres salen para _____

13. Escribe un párrafo de siete oraciones en el cual expreses cómo te sentirías y cómo te adaptarías si tuvieras que cambiar de escuela. Usa por lo menos ocho preposiciones. Puedes consultar la lista de preposiciones en la página 347 de tu libro de texto.

_____

_____

_____

_____

_____

_____

_____

_____

_____

_____

_____

COLECCIÓN 6 · GRAMÁTICA

Comparación y contraste

Los gerundios y los infinitivos

14. Completa las oraciones con la forma correcta del verbo entre paréntesis.

  1. (Cantar/Cantando) antes de calentar la voz no es bueno.

  2. Odio levantarme cuando está (llover/lloviendo).

  3. ¿Cómo vas a ahorrar el dinero para la guitarra que piensas (comprar/comprando)?

  4. Ya me olvidé de cómo (buscar/buscando) esa información en Internet.

  5. Llegó a la fiesta (saludar/saludando) a todos los invitados.

  6. Antes de (volver/volviendo) a casa, debemos pasar por el supermercado.

  7. Saldremos al escenario (bailar/bailando) el primer número.

  8. (Empezar/Empezando) temprano tendremos ventaja sobre el otro grupo.

15. Traduce las oraciones al inglés.

  1. Se fue sin decir nada.

  _____

  2. Me encanta cocinar.

  _____

  3. ¿Quién es el chico que habla con el director?

  _____

  4. Estamos empezando a entender más en la clase de francés.

  _____

  5. Caminar es buen ejercicio.

  _____

  6. Los que piensan ir a Cancún, que levanten la mano.

  _____

16. Traduce las oraciones al español.

  1. She started working without asking for instructions.

  _____

Comparación y contraste

2. I am tired of hearing the neighbor's dog in the middle of the night.

_____

3. I need a new singing teacher.

_____

4. I prefer driving instead of flying.

_____

5. I have just met a student living in my neighborhood.

_____

6. Driving without wearing a seatbelt is illegal.

_____

Las preposiciones

17. Completa las oraciones con la preposición correcta. Si no se necesita ninguna, escribe una **X.** Puedes consultar la lista de preposiciones en la página 347 de tu libro de texto.

1. Mi hermana se enamoró _____ un muchacho colombiano.

2. Los niños sueñan _____ volver al parque de diversiones.

3. La tía Dorotea no quiere ir al parque, está _____ la idea.

4. Quiero comprar un ramo de flores _____ la abuela.

5. Liliana y yo sabíamos que seríamos amigas _____ que nos conocimos.

6. A mis padres no les gusta que escuche _____ la radio a todo volumen.

7. Voy a trabajar duro en mi clase de español _____ este semestre.

8. Son las doce y Luis sigue dormido. Vamos a ver _____ qué hora va a dormir hoy.

9. Pedro nos habló _____ las relaciones comerciales entre México y Estados Unidos.

10. Hemos decidido _____ pasar las vacaciones con unos amigos madrileños.

11. Paulina está en el suelo buscando su pulsera _____ la cama.

12. Pienso _____ estudiar en Lima este verano.

COLECCIÓN 6 · GRAMÁTICA

Comparación y contraste

18. Traduce las oraciones al inglés.

I. Acabo de terminar la tarea y ahora voy a descansar.

_____

2. ¿Te acuerdas de las llamas que vimos en el zoológico?

_____

3. Trata de llamarme a eso de las cinco.

_____

4. Mi tía Leonor se casará con un señor francés.

_____

5. Anoche soñé con un amigo que no he visto por muchos años.

_____

6. Me ayudaron a cargar las maletas.

_____

19. Traduce las oraciones al español.

I. Mom got mad at Grandpa.

_____

2. My parents talked about the problem.

_____

3. We asked him for a menu.

_____

4. I insist on going to a different place tonight.

_____

5. We were looking at some Chilean magazines.

_____

6. They started eating without me.

_____

Nuevas vistas Curso avanzado 1

Ortografía

• •

Letra y sonido

1. Completa las palabras con **r** o **rr**.

I. banca___ota   5. puerto___iqueño   9. ga___antía

2. en___ojecer   6. a___monía   10. ba___iga

3. fe___oca___il   7. fe___iado   11. fé___til

4. pa___illa   8. aho___amos   12. te___eno

2. Completa las oraciones con **r** o **rr**.

I. Los vaque___os pa___ticipa___on en el rodeo en feb___ero.

2. Encont___ó las joyas de su nue___a en ese viejo guarda___opa.

3. Un lobo fe___oz ___ondaba el recinto de las cab___as y los corde___os.

4. Después de la e___upción, los animales e___aron por el te___itorio cerca del lago.

5. Que___íamos subir a la to___e si tuvié___amos más tiempo.

6. La pe___iodista peli___oja redactó el pá___afo con una pluma mo___ada.

7. Al ca___pintero se le caye___on las he___amientas y se rompieron.

8. El águila aga___ó al pája___o con sus ga___as.

9. Le pedimos al cama___ero son___iente una ja___a de jugo de to___onja.

10. ¡Qué comida más ra___a! Cama___ones, chicha___ones y espá___agos.

3. Completa las oraciones con la palabra correcta.

I. El (coro/corro) era un elemento importante del drama griego.

2. ¿Se sabe dónde (enteraron/enterraron) a la momia del faraón?

3. Me compré un collar de (coral/corral) cuando fui a Acapulco.

4. Nos gustaba caminar alrededor del (cero/cerro) detrás del rancho.

5. Si usted no (ahora/ahorra) su dinero con cuidado, no tendrá lo suficiente.

6. (Quería/Querría) ver esa película pero ya no tengo ganas.

7. Nuestros vecinos van a vender su (caro/carro) por poco dinero.

8. En Chile se cultiva una (para/parra) que produce uvas excelentes.

COLECCIÓN 6 • ORTOGRAFÍA

Ortografía

La acentuación

4. Encierra en un círculo los diptongos y subraya los hiatos en las siguientes oraciones.

1. La novia de Eugenio se llama María.

2. El señor Ruiz es profesor en mi escuela.

3. Mi tío se marea en la canoa.

4. Voy a tomar un vuelo a las seis.

5. Quiero que traigan el estéreo al colegio.

6. Los leones del zoológico están en jaulas.

7. Consuelo y Raúl leen poemas en la biblioteca.

8. Espero que triunfe la justicia.

9. El piano de la reina es antiguo.

10. Veo el océano desde mi habitación.

5. Pronuncia las siguientes palabras en voz alta y divídelas en sílabas. Luego, escribe **D** si la palabra contiene un diptongo y **H** si contiene un hiato.

_____ 1. democracia _____

_____ 2. autor _____

_____ 3. leímos _____

_____ 4. Europa _____

_____ 5. sicología _____

_____ 6. presupuesto _____

_____ 7. farmacia _____

_____ 8. paella _____

_____ 9. evalúan _____

_____ 10. viuda _____

Ampliación:

Vocabulario adicional

Hojas de práctica

· ·

¡Viva la juventud!

Vocabulario adicional

1. Busca la definición que corresponde a cada una de las palabras de «Mis primeros versos» y «Primero de secundaria».

_____ 1. apoderarse

_____ 2. pulgar

_____ 3. bofetada

_____ 4. altavoz

_____ 5. resignarse

_____ 6. manía

_____ 7. ficha

a. aparato que convierte en ondas acústicas los sonidos musicales o vocales

b. hoja de papel o cartulina

c. hacerse dueño de una persona o cosa

d. obsesión, idea fija, afición exagerada por algo

e. conformarse ante una situación que no tiene remedio

f. dedo primero y más grueso de la mano

g. golpe que se da en la mejilla con la mano abierta

2. Las siguientes preguntas usan palabras de «Un cuentecillo triste». Contéstalas con oraciones completas.

1. ¿Cómo te sientes después de pasar todo el día <u>parado(a)</u>?

_____

2. ¿A qué <u>establecimiento</u> prefieres ir con tus amigos para divertirte?

_____

3. ¿Cuándo o dónde <u>hojeas</u> una revista para pasar el tiempo?

_____

4. ¿Cómo te <u>apoyan</u> tus amigos cuando estás estresado(a)?

_____

5. ¿Cómo se comporta un matrimonio que <u>aguarda</u> el nacimiento de su primer bebé?

_____

Hoja de práctica 1-A • Gramática

El género: casos difíciles y excepciones

1. Completa las oraciones con el artículo definido correcto.

1. Tuve un accidente de carro y me corté _____ frente.

2. La científica estudió _____ gorila macho en su ambiente natural.

3. Me gustan mucho _____ dramas de Tirso de Molina.

4. _____ mujeres policía confrontan mucho peligro en su trabajo.

5. ¡Cómo ha cambiado _____ clima! Parece que hace más calor que antes.

6. Los soldados tuvieron que rendir _____ armas al enemigo.

7. A Dianita le gustan _____ programas infantiles que pasan por la mañana.

8. Isabel, ¡apaga _____ tele ahora mismo y ponte a estudiar!

9. El capitán les dio _____ orden a los soldados y ellos lo obedecieron inmediatamente.

10. ¿Dónde están _____ fotos que tomé del bautizo?

2. Completa las oraciones con el artículo correcto.

1. Trajeron (el/la) elefante hembra al zoológico desde África.

2. No me gusta (el/la) desorden; prefiero que todo esté bien arreglado.

3. Luis Miguel se compró (un/una) moto con el dinero que había ganado.

4. (Los/Las) poemas de Alfonsina Storni son tristes, ¿verdad?

5. Ojalá que se pueda eliminar (el/la) hambre mundial algún día.

6. Vamos a tomar (el/la) tranvía hasta el centro y luego caminar al museo.

7. Ignacio estudió con (un/una) orden de monjes franceses.

8. Piensan restaurar (el/la) frente del antiguo edificio de correos.

9. Es importante estudiar (los/las) artes, como la música y la pintura.

10. (El/La) águila es símbolo de fuerza y nobleza.

Hoja de práctica 1-B • Gramática

La posición y la concordancia del adjetivo

1. Escribe la forma correcta del adjetivo en la mejor posición.

1. Serafina es una _____ niña _____. Debe medir más de cinco pies. (grande)

2. Teresa quiere una _____ casa _____. No le gustan las casas antiguas. (nuevo)

3. A pesar de ser bajos, ellos tienen _____ hijos _____. (alto)

4. Juan fue un _____ hombre _____ pero se hizo rico en los negocios. (pobre)

5. Hoy pasé por mi _____ escuela _____, adonde iba cuando era niño. (viejo)

6. No me fío de _____ información _____ antes de comprobarla primero. (cierto)

7. Benjamín es una _____ persona _____. Es realmente excepcional. (único)

2. Completa las oraciones con la forma correcta de los adjetivos entre paréntesis.

1. Lavé el carro y ahora tengo la camisa y los pantalones _____. (mojado)

2. Daniel colecciona monedas y sellos _____. (antiguo)

3. En agosto hace un calor y una humedad _____. (horroroso)

3. Traduce las oraciones al español. Usa la forma correcta del adjetivo entre paréntesis.

1. Guillermo has his own car and he's only sixteen years old. (propio)

_____

2. Don't pay attention to what Carolina says. They're just lies! (puro)

_____

3. There was a mistake on the exam. The students themselves found it. (mismo)

_____

COLECCIÓN **2**

Habla con los animales

COLECCIÓN 2 · AMPLIACIÓN

Vocabulario adicional

1. Busca la definición que corresponde a cada una de las palabras de «La guerra de los yacarés» y *Platero y yo.*

_____ **1.** escarabajo

_____ **2.** agujero

_____ **3.** idilio

_____ **4.** sonar

_____ **5.** ancho

a. producir un sonido

b. episodio o acontecimiento agradable o placentero

c. dimensión de algo de derecha a izquierda o al revés

d. insecto de color negro

e. abertura más o menos redonda en una cosa

2. Las siguientes preguntas usan palabras de *Me llamo Rigoberta Menchú.* Contéstalas con oraciones completas.

1. ¿Cómo son los animales <u>salvajes</u> y dónde viven algunos de ellos?

_____

2. ¿Cuáles son algunas de las cosas desagradables que hay que <u>aguantar</u> en la vida?

_____

3. ¿Qué harías al encontrar un pajarito con una ala <u>estropeada</u>?

_____

4. ¿Qué tipo de cosas se consideran <u>sagradas</u> por algunas personas?

_____

5. ¿Puedes confiar en alguien que te <u>oculte</u> las cosas? ¿Por qué?

_____

6. ¿Por qué algunas plantas no crecen en la <u>sombra</u>?

_____

7. ¿Por qué describirías algo <u>a grandes rasgos</u>?

_____

Hoja de práctica 2-A • Gramática

....

Los verbos en *-er* e *-ir*

1. Completa las oraciones con la forma correcta del presente del indicativo de los verbos entre paréntesis.

1. Nosotros _____ (aprender) más vocabulario cuando podemos practicarlo.

2. Mis hermanos y yo ya no _____ (caber) en el pequeño carro de mi mamá.

3. Ricardo y yo nunca _____ (salir) los domingos porque estudiamos ese día.

4. Nosotros lo _____ (sentir) mucho, pero no podemos acompañarlo al museo.

5. Teodoro y yo todavía no _____ (conocer) al novio de Zenaida.

6. Perla y yo siempre _____ (pedir) el mismo platillo cuando cenamos aquí.

7. ¿_____ (Poder) hablar tú y yo más tarde por teléfono?

8. Álvaro y yo no _____ (creer) que los invitados lleguen a tiempo.

9. Mi amiga y yo _____ (venir) a estar contigo un rato para que no estés solo.

10. Nosotros siempre les _____ (decir) a nuestros padres a qué hora estaremos en casa.

2. Escribe las oraciones de nuevo, corrigiendo los errores de las formas verbales.

1. Nosotros siempre dividemos las propinas que recibimos.

_____

2. En la clase de literatura, siempre leamos un cuento y luego escribemos un ensayo.

_____

3. Hacimos la misma cosa cada fin de semana. ¿Qué tal si salemos a caminar?

_____

4. Nosotros decidemos si querimos ir, no ellos.

_____

Hoja de práctica 2-B • Gramática

Los verbos con cambios en la raíz

1. Completa las oraciones con la forma correcta del verbo.

1. Raquel y yo (pensamos/piénsanos) que sería mejor estudiar juntos mañana.

2. Lo (sientimos/sentimos) mucho, pero no tenemos tiempo para ayudarte.

3. Lucía y yo nunca (dormimos/duérminos) bien cuando vamos a acampar.

4. Les prestamos las bicis, pero les (pidemos/pedimos) que tengan cuidado con ellas.

5. Generalmente les (sirvimos/servimos) la cena a los niños primero.

6. Los sábados (almorzamos/almuérzanos) en casa de mi tía Nora.

7. Mis compañeros y yo (nos siéntanos/nos sentamos) enfrente de la clase.

8. Si tú y yo no (podemos/puédemos) ir de compras hoy, iremos mañana.

2. Completa las oraciones con la forma correcta del presente del indicativo de los verbos entre paréntesis.

1. Los domingos nosotros _____ (dormir) hasta muy tarde.

2. Laura y yo le _____ (pedir) a Jorge que nos preste su paraguas.

3. ¿Qué tal si nosotras _____ (empezar) a preparar la ensalada?

4. Mamá y yo _____ (pensar) regalarle un radio a papá.

5. Mi hermana y yo nunca _____ (acordarse) del cumpleaños de María Dolores.

6. Nosotros les _____ (recomendar) a ustedes que vayan a ver esa película.

7. Alejandro y yo no _____ (poder) ir a la práctica de fútbol hoy.

8. Por la mañana, mis hermanos y yo _____ (vestirse) y luego desayunamos.

9. ¿Por qué no _____ (jugar) tú y yo al tenis esta tarde?

10. Sarita y yo siempre _____ (volver) tarde de la escuela los miércoles.

Nuevas vistas Curso avanzado 1

Hoja de práctica 2-C • Gramática
· ·
Las formas verbales de la segunda persona

1. Completa las oraciones con la forma correcta del verbo.

1. ¿(Seguís/Sigues) vos escribiendo a tu amiga Julia?

2. Vosotros no (tenés/tenéis) tiempo para ver la tele esta noche.

3. ¿(Sos/Sois) vosotros de Madrid o Sevilla?

4. ¿Por qué (llegás/llegáis) vos tan temprano hoy del trabajo?

5. Vosotros (cenás/cenáis) mucho más tarde en España, ¿verdad?

6. ¿Qué (hacés/hacéis) vos esta noche?

2. Completa las oraciones con la forma correcta del verbo, usando los verbos del cuadro.
No todos los verbos se usan pero se usa un verbo más de una vez.

Palabras para escoger				
querés	sois	tenés	sos	cantás
salís	queréis	podéis	hablás	habláis
decís	cantáis	tenéis	podés	sales

1. Vos _____ (ser) de Costa Rica también, ¿no es cierto?

2. ¡Qué bonito que _____ (cantar) vosotros!

3. No estoy de acuerdo con lo que vos _____ (decir).

4. ¿Qué _____ (querer) comer vos para el desayuno?

5. ¿_____ (Ser) vosotros los hermanos de Joaquín?

6. ¿_____ (Tener) vos el libro que te presté la semana pasada?

7. Vosotros siempre _____ (decir) que no hay nada que hacer.

8. ¿Vosotros no _____ (poder) ir a España este año? ¡Qué lástima!

9. Marisol, ¿vos _____ (hablar) con Pablo a menudo?

10. ¿A qué hora _____ (salir) vosotros mañana?

COLECCIÓN 2 • AMPLIACIÓN

Hoja de práctica 2-D • Gramática

Las formas del imperfecto

1. Completa el párrafo con la forma correcta del verbo.

Lucila y yo **1.** (éramos/éranos) buenas amigas en la escuela primaria. **2.** (Estábanos/ Estábamos) en el mismo grado. A veces, después de clases, **3.** (íbanos/íbamos) a la heladería. Ella siempre **4.** (pedía/pidía) un helado de vainilla y yo siempre **5.** (quería/ quiería) uno de chocolate. Si nosotras no **6.** (teníamos/teníamos) mucha tarea, la invitaba a ver televisión en mi casa y **7.** (veíamos/víamos) programas para niños. A veces ella **8.** (traíba/traía) a su hermanita. Si ella no **9.** (pudía/podía) visitarme, hablábamos por teléfono y luego **10.** (nos acostábamos/nos acuestábamos) temprano.

2. Completa las oraciones con la forma correcta del imperfecto de los verbos entre paréntesis.

1. Elena _____ (saber) hablar bien francés e inglés.

2. Yo nunca _____ (tener) suficiente dinero en la secundaria.

3. A veces nosotros _____ (caerse) al jugar al fútbol.

4. Lupita y Cristián nunca _____ (querer) ayudar en casa cuando eran niños.

5. Tú nunca _____ (decir) malas palabras en la primaria, ¿cierto?

6. Mi papá siempre _____ (dormir) bien durante las vacaciones.

7. Casi nunca _____ (llover) durante el invierno.

8. Yo nunca _____ (ver) a los vecinos de al lado.

9. Nosotros siempre _____ (poder) contar con la profesora.

10. Mis hermanos _____ (divertirse) mucho en ese parque.

11. Tú siempre _____ (creer) los cuentos fantásticos del abuelo.

12. A veces mis padres y yo _____ (dar) un paseo después de cenar.

Nuevas vistas Curso avanzado 1

Hoja de práctica 2-E • Gramática

Las formas del pretérito

1. Completa las oraciones con la forma correcta del verbo.

1. Yo le (truje/traje) flores a mi amiga que está en el hospital.

2. Carmen y su hermano nos (visitaron/vesitaron) esta mañana.

3. Le (escribí/escrebí) una nota a Miguel en clase.

4. Ayer (recebí/recibí) la revista por primera vez.

5. Yo (tuve/tuvo) que volver a casa a recoger el libro.

6. Los asistentes de vuelo no nos (dijieron/dijeron) a qué hora salía el avión.

7. (Andé/Anduve) hasta el quiosco para comprar un periódico.

8. ¿Por qué no (venieron/vinieron) a la fiesta anoche?

9. ¿(Pudistes/Pudiste) al fin llamar a tus papás?

10. ¿Qué (haciste/hiciste) después de terminar la tarea?

2. Completa las oraciones con la forma correcta del pretérito de los verbos entre paréntesis.

1. Teresa me _____ (traer) unos recuerdos de Guatemala.

2. ¿No _____ (tener) tú la oportunidad de ver la catedral?

3. _____ (Mandar) tú la tarjeta de cumpleaños, ¿no?

4. ¿Qué regalo _____ (recibir) tú, Mónica?

5. Yo _____ (andar) por toda la ciudad y ahora estoy cansado.

6. ¿Ya _____ (terminar) tú el examen o necesitas más tiempo?

7. Nunca _____ (venir) los Muñoz a la reunión.

8. ¡Qué bien _____ (tocar) tú el piano en el concierto!

9. Los turistas ya _____ (hacer) las reservaciones para el viaje.

10. ¿Dónde _____ (estar) los estudiantes durante el recreo?

COLECCIÓN 2 • AMPLIACIÓN

Hoja de práctica 2-F • Gramática

Los usos del imperfecto y del pretérito

1. Completa las oraciones con la frase que mejor corresponde al verbo.

1. Esteban estuvo trabajando en el taller _____.
a. toda la mañana **b.** cuando llamó el jefe

2. Nosotros estábamos vistiéndonos _____ llegaron los invitados.
a. hasta que **b.** cuando

3. Estuve llamando al perro _____ apareció en el jardín.
a. hasta que **b.** cuando

4. Estaba conversando con José Antonio _____.
a. cuando tú llamaste **b.** de nueve a diez de la mañana

5. Estuvimos haciendo las maletas _____ llegó el taxi para llevarnos al aeropuerto.
a. hasta que **b.** cuando

6. Estaba soñando con el examen _____ sonó el despertador.
a. hasta que **b.** cuando

2. Completa las oraciones con la forma correcta del verbo **estar.** Usa el imperfecto o el pretérito, según el contexto.

1. Los niños _____ viendo televisión de ocho a diez de la mañana.

2. Nosotros _____ nadando en la piscina toda la tarde.

3. Yo _____ jugando al tenis cuando me lastimé el brazo.

4. Mi mamá _____ escribiendo cartas hasta que se le hizo tarde para la cita.

5. Los vecinos _____ viajando por México cuando se enfermó la hija.

6. Yo _____ lavando la ropa hasta que se me descompuso la lavadora.

7. Dolores _____ caminando por el centro comercial cuando se encontró con su amiga.

8. ¿Qué _____ haciendo tú cuando llegó Carlos?

9. Nosotros _____ estudiando hasta las dos de la mañana.

10. Manuel _____ limpiando la cocina cuando se le cayeron los platos.

COLECCIÓN L3

Fábulas y leyendas

Vocabulario adicional

1. Busca la definición que corresponde a cada una de las palabras de «Posada de las Tres Cuerdas» y «La puerta del infierno».

_____ 1. agotamiento   **a.** tener confianza o seguridad

_____ 2. faro   **b.** introducirse en una superficie algo puntiagudo

_____ 3. desgarrado   **c.** ruido que hacen los árboles al contacto con el viento

_____ 4. confiar   **d.** torre elevada con una luz para guiar los barcos

_____ 5. clavarse   **e.** grito de dolor o de espanto

_____ 6. alarido   **f.** estado extremo de cansancio

_____ 7. crujido   **g.** roto, hecho pedazos

2. Las siguientes preguntas usan palabras de «Güeso y Pellejo». Contéstalas con oraciones completas.

1. ¿En dónde tendrías que <u>agacharte</u>?

_____

2. ¿Es buena idea tratar de <u>adivinar</u> los resultados en un examen de matemáticas? ¿Por qué?

_____

3. ¿Dónde se encuentran los <u>rebaños</u> de <u>ganado</u>?

_____

4. ¿De qué <u>se lamentan</u> muchos estudiantes?

_____

5. ¿En qué situaciones podría uno <u>ahogarse</u>?

_____

COLECCIÓN 3 · AMPLIACIÓN

Hoja de práctica 3-A • Gramática

El modo y los modales

1. Completa las oraciones con la forma correcta del verbo.

1. Es posible que David (llega/llegue) en el vuelo de las seis.

2. Es extraño que no (quieres/quieras) salir esta noche.

3. Mamá no quiere que me (sienta/siente) en el sofá con los pantalones sucios.

4. Me molesta que Ana María no me (devuelve/devuelva) los discos compactos.

5. Es necesario que (vas/vayas) al médico lo más pronto posible.

2. Traduce las oraciones al español.

1. The fact that Pablo watches that television program is surprising.

_____

2. It's possible that the employee is mistaken.

_____

3. It's weird that it should rain so much in February.

_____

4. It's great that she can speak German so well.

_____

5. It's funny that Ofelia could forget her keys again.

_____

6. How terrible that he should break his arm on his vacation.

_____

7. It's a miracle that Alfredo could leave the hospital so soon.

_____

8. It's hard to believe that we could finish the chores on time.

_____

Hoja de práctica 3-B • Ortografía

La *s* aspirada

1. Completa las oraciones con las palabras correctas.

   1. Me gusta (escuchar/ecuchar) (la/las) noticias en la radio.

   2. Cuando (fuite/fuiste) al parque ayer, ¿(jugate/jugaste) al fútbol?

   3. (Pensamos/Pensamo) ir a la fiesta de (cumpleaños/cumpleaño) de Patricio.

   4. Te (cueta/cuesta) menos tomar el (autobús/autobú) que ir en carro.

2. Escribe las oraciones de nuevo, corrigiendo los errores ortográficos.

   1. Ete verano todo mi amigo y yo pensamo tomar uno curso en el Centro Juvenil.

   _____

   2. Durante lo mese de julio y agoto, ofrecen clase grati a lo etudiante.

   _____

   3. Gabriela quiere tomar una clase de periodimo porque le guta ecribir.

   _____

   4. Luisa quiere aprender primero auxilio porque quiere trabajar en un hopital.

   _____

   5. Andrés quiere mejorar su francé porque le gutaría ser guía turítico.

   _____

   6. Simón tomará una clase de teni y otra de béibol.

   _____

   7. La clase de atronomía siempre e popular; yo pienso tomarla.

   _____

   8. Creo que meno persona asitirán a la clase de karate ete año.

   _____

COLECCIÓN 4

Dentro del corazón

Vocabulario adicional

1. Busca la definición que corresponde a cada una de las palabras de «Mañana de sol» y *Paula*.

_____ 1. refugiarse

_____ 2. envidiable

_____ 3. espantar

_____ 4. lamentable

_____ 5. viudez

_____ 6. roce

_____ 7. cura

_____ 8. huir

_____ 9. trasladarse

_____ 10. gruñir

a. asustar, ahuyentar

b. retirarse a un lugar para ponerse a salvo, acogerse a un asilo

c. acción y efecto de tocar suavemente la superficie de una cosa

d. digno de ser deseado

e. condición de viudo(a), persona cuyo cónyuge ha muerto

f. digno de compasión, lastimoso

g. alejarse rápidamente

h. sacerdote

i. murmurar entre dientes

j. mudarse de lugar

2. Las siguientes preguntas usan palabras de *Versos sencillos* y «Verde luz». Contéstalas con oraciones completas.

1. ¿Qué animales viven en un arrecife de <u>coral</u>?

_____

2. ¿Qué animales tienen <u>alas</u>?

_____

3. ¿Qué podría simbolizar un río <u>rumoroso</u>?

_____

4. ¿Por qué hay que bañar a los bebés en agua <u>tibia</u>?

_____

Hoja de práctica 4-A • Gramática

Oraciones hipotéticas

1. Escribe las oraciones de nuevo, corrigiendo los verbos incorrectos. Usa el imperfecto del subjuntivo y el condicional.

1. Si limpiabas tu cuarto de vez en cuando, encontrabas las cosas que buscas.

   _____

2. Hubiera menos contaminación si la gente siempre echara la basura en un basurero.

   _____

3. Si nosotros nos aplicáramos un poco más a los estudios, sacáramos mejores notas.

   _____

4. La profesora dice que si tenía más tiempo, escribía una novela histórica.

   _____

5. Si mis amigos hablaran más sobre los problemas con sus papás, se sintieran mejor.

   _____

2. Combina los elementos para formar oraciones completas. Usa el imperfecto del subjuntivo y el condicional.

1. si / yo / ganar / el concurso / ser / la persona más feliz del mundo

   _____

2. ¿tú / aceptar / el puesto / si / ellos / te lo / ofrecer?

   _____

3. Olga y Fernando / cantar / para los invitados / sólo / si / ellos / insistir

   _____

4. si / la abuela / tener / sus anteojos a mano / poder leernos un cuento

   _____

5. mis padres / viajar / en un crucero por el Caribe / si / poder

   _____

6. si / nosotros / estar en Madrid / querer visitar el Museo del Prado

   _____

Hoja de práctica 4-B • Gramática

Más usos del imperfecto del subjuntivo

1. Escribe las oraciones de una forma más cortés, usando el imperfecto del subjuntivo.

1. Quiero hablar con usted más tarde.

_____

2. Debe pagar la multa lo más pronto posible.

_____

3. ¿Pueden bajar el volumen de la televisión, por favor?

_____

4. Usted debe comer algo antes de irse.

_____

5. Queremos ver el monumento esta tarde.

_____

6. ¿Puedes pasar por el correo y mandar este paquete, por favor?

_____

2. Escribe las oraciones de nuevo, cambiando los verbos del presente al pasado. Usa el imperfecto del indicativo y el imperfecto del subjuntivo.

1. Mis papás siempre me dicen que ahorre más dinero para mis estudios.

_____

2. Le aconsejamos a Jaime que sea más puntual en el trabajo.

_____

3. El profesor nos recomienda que leamos el periódico todos los días.

_____

4. Dudo que quieran celebrar el aniversario con una gran fiesta.

_____

5. Siempre le pido al camarero que me traiga más pan.

_____

Hoja de práctica 4-C • Ortografía

Palabras con /k/ en español e inglés

1. Completa las palabras con **cu** o **qu**.

1. ___arteto
2. ___ieto
3. ___alidad
4. ___aresma
5. ___emadura
6. ___al___iera

7. ___inceañera
8. ___ajaron
9. ___ejaron
10. ___itamanchas
11. ___adrado
12. ___iebra

2. Escribe las oraciones de nuevo, corrigiendo los errores ortográficos.

1. Quando saqé la raketa del saco, me di quenta de que ya no estaba el paqete.

_____

2. La profesora de arkitectura recomienda que practicemos con este bosqejo.

_____

3. En el qiosco, había más de kinientas cinquenta revistas sobre arqeología.

_____

4. ¡Quédate akí conmigo! Qiero que me requerdes quando hay que empaketar la ropa.

_____

5. Después de mezclar los lícuidos en la solución qímica, kitamos el tapón.

_____

6. El quarto en qestión tiene un aquario con kince peces.

_____

7. No quisimos alcuilar unos eskís antiquados.

_____

COLECCIÓN 5

Caminos

Vocabulario adicional

1. Busca la definición que corresponde a cada una de las palabras de «Hay un naranjo ahí», «La tortuga» y «El forastero gentil».

_____ I. duro

_____ 2. agitar

_____ 3. evitar

_____ 4. reverencia

_____ 5. acaso

_____ 6. ala

_____ 7. lágrima

a. líquido salado que fluye de los ojos al llorar
b. parte inferior del sombrero
c. inclinación del cuerpo o de la cabeza en señal de respeto o cortesía
d. poco blando, resistente a la presión
e. impedir que suceda algo
f. quizás, tal vez
g. mover rápidamente o con violencia

2. Las siguientes preguntas usan palabras de «Coplas por la muerte de su padre» y de los poemas de *Soledades* y de *Campos de Castilla*. Contéstalas con oraciones completas.

I. ¿Quiénes generalmente reciben todos los <u>bienes</u> de aquéllos que mueren?

_____

2. ¿Qué debe hacer uno <u>sabiamente</u>? ¿Por qué?

_____

3. ¿Qué le recomiendas a un amigo que quiera <u>avanzar</u> en sus estudios?

_____

4. ¿Qué cosas tienen que ser <u>agudas</u> para ser útiles? ¿Por qué?

_____

5. ¿Qué tipo de remedios se administran generalmente por medio de <u>gotas</u>?

_____

6. ¿Cómo caracterizarías a un <u>traidor</u>?

_____

Hoja de práctica 5-A • Gramática

El presente perfecto

1. Escribe las oraciones de nuevo, corrigiendo los errores ortográficos.

  1. ¿Todavía no a llegado el avión?

_____

  2. Ya e echo las camas y ahora voy a lavar los platos.

_____

  3. ¡Qué desastre! Los niños an hechado todos los juguetes al suelo.

_____

  4. Todavía no emos ido a la exhibición de arte.

_____

  5. Ana a llevado a Inés a casa.

_____

  6. ¿Le as henviado el paquete a tu abuela?

_____

2. Completa las oraciones con la forma correcta del presente perfecto
de los verbos entre paréntesis.

  1. ¿_____ (Escribir) ustedes el ensayo para la clase de literatura?

  2. Nosotros _____ (abrir) las ventanas para ventilar la casa.

  3. Mis amigos todavía no me _____ (decir) lo que pasó.

  4. Y tú, ¿me _____ (echar) de menos?

  5. ¿Se siente mal Susana? No _____ (terminar) de comer.

  6. ¿Dónde está el gato? Yo no lo _____ (ver) en todo el día.

  7. Sebastián no se encuentra ahora, creo que ya _____ (irse).

  8. Esperanza _____ (hacer) todo lo posible por ayudarnos.

  9. Nosotros _____ (caminar) por todas las tiendas buscando
ese disco compacto.

  10. Yo _____ (fracturarse) el tobillo y ahora tengo que andar en muletas.

Hoja de práctica 5-B • Gramática

Los usos del participio pasado

1. Completa las oraciones con la palabra correcta.

1. Marta se ha _____ todas las enchiladas.
   a. comido   **b.** comidas

2. Lorenzo y su hermano siempre están bien _____.
   a. arreglado   **b.** arreglados

3. ¿Por qué estás _____ en el sofá, Victoria? ¿Te sientes mal?
   a. acostado   **b.** acostada

4. Siento haberte _____ las gafas de sol.
   a. roto   **b.** rotas

5. Estos formularios ya están _____.
   a. copiado   **b.** copiados

2. Completa las oraciones con el participio pasado de los verbos entre paréntesis.

1. Estamos preocupados porque Beto no ha _____ (volver) todavía.

2. Esteban y Berta volvieron de la conferencia muy _____ (inspirar).

3. Vengan a comer, que está _____ (servir) la cena.

4. ¡Cómo nos hemos _____ (reír) con los chistes de Rogelio!

5. Dicen que han _____ (descubrir) la tumba de un guerrero azteca.

6. ¿Ves los zapatos que tiene _____ (poner) ese muchacho?

7. Los estudiantes andan _____ (cansar) en estos días a causa de los exámenes.

8. ¿Has _____ (tomar) algunas fotos de esta parte de la ciudad?

9. Los bisabuelos de Carmen ya están _____ (morir).

10. El profesor todavía no ha _____ (corregir) todos los ensayos.

Hoja de práctica 5-C • Ortografía

· ·

Palabras con *g, h* y *j*

1. Completa las oraciones con la palabra correcta.

1. Todos dicen que Mercedes es una persona sumamente _____.
   a. ábil   **b.** hábil

2. La cocina tiene un _____ a cebolla.
   a. olor   **b.** holor

3. ¿Al fin pudiste _____ el disco compacto que se te había perdido?
   a. allar   **b.** hallar

4. No me gusta pintarme las _____.
   a. uñas   **b.** huñas

5. Estamos _____ del calor que hace aquí.
   a. artos   **b.** hartos

6. ¿Quisieras más _____ en tu refresco?
   a. ielo   **b.** hielo

7. Esos cantantes son conocidos por su bella _____.
   a. armonía   **b.** harmonía

2. Escribe las oraciones de nuevo, corrigiendo los errores ortográficos.

1. El hefe no estará en la oficina sino asta la huna de la tarde.

   _____

2. Si tuviera ilo y aguha, podría coser el oyo en estos pantalones.

   _____

3. Esa hoyería tiene unos ermosos haretes de oro.

   _____

4. Me picó una havispa cerca del ojo y ahora lo tengo muy inchado.

   _____

5. Pon el pollo a desconhelar en el orno de microhondas por honce minutos.

   _____

COLECCIÓN 6

Tierra, sol y mar

Vocabulario adicional

1. Busca la definición que corresponde a cada una de las palabras de «Valle del Fuego» y *Aydin*.

_____ 1. garra

_____ 2. confines

_____ 3. reivindicar

_____ 4. muchedumbre

_____ 5. tejer

_____ 6. nudo

_____ 7. remo

_____ 8. aleta

a. entrelazar regularmente hilos para formar un tejido, trencillas, esteras

b. instrumento plano, generalmente de madera, que sirve para mover las embarcaciones

c. uña afilada, corva, fuerte y aguda de un animal

d. entrelazamiento de cuerda, hilo, etc., que se usa para sujetar o atar algo

e. gran cantidad de personas

f. límites

g. apéndice corto y plano que permite nadar a ciertos animales acuáticos

h. reclamar uno lo que le pertenece o aquello a que tiene derecho

2. Las siguientes preguntas usan palabras de «Romance sonámbulo». Contéstalas con oraciones completas.

1. En una novela policíaca, ¿qué suelen indicar <u>rastros</u> de sangre?

_____

2. ¿Qué frutas tienen un sabor <u>agrio</u>?

_____

3. ¿Te gusta levantarte al <u>alba</u>? ¿Por qué sí o por qué no?

_____

4. ¿Prefieres el chocolate dulce o <u>amargo</u>?

_____

5. ¿Cuándo te <u>frotas</u> las manos?

_____

COLECCIÓN 6 · AMPLIACIÓN

Hoja de práctica 6-A • Gramática
• •

Los gerundios y el presente progresivo

1. Busca la traducción que corresponde a cada una de las oraciones.

_____ **1.** Walking is good for your health.

_____ **2.** He walked here.

_____ **3.** He's walking to lose weight.

_____ **4.** You can lose weight by walking.

a. Puedes adelgazar caminando.

b. Está caminando para adelgazar.

c. Caminar es bueno para la salud.

d. Vino caminando.

2. Traduce las oraciones al español.

1. We're washing the car tomorrow.

_____

2. What are you thinking about right now?

_____

3. She answered the phone crying.

_____

4. I love reading the newspaper in the morning.

_____

5. He ran here.

_____

6. This winter we're skiing in Colorado.

_____

7. Sharing responsibilities is good.

_____

8. The best way to help is by listening.

_____

9. Dancing is a lot of fun.

_____

COLECCIÓN 6 • AMPLIACIÓN

Hoja de práctica 6-B • Gramática

Los usos del infinitivo

1. Busca la traducción que corresponde a cada una de las oraciones.

_____ **1.** I saw him fall.
   a. Lo vi caerse.
   b. Lo vi cayéndose.

_____ **2.** When he got home, he took off his tie.
   a. Al llegando a casa, se quitó la corbata.
   b. Al llegar a casa, se quitó la corbata.

_____ **3.** She got mad at him for writing notes in class.
   a. Se enojó con él por escribiendo notas en clase.
   b. Se enojó con él por escribir notas en clase.

_____ **4.** He doubts he can finish on time.
   a. Duda poder terminar a tiempo.
   b. Duda al poder terminar a tiempo.

2. Traduce las oraciones al español.

1. Thank you for being so good, Elenita.

_____

2. We saw them come back in the car.

_____

3. I doubt I know everything.

_____

4. They say they're happy.

_____

5. I felt the dog tremble with fear.

_____

Hoja de práctica 6-C • Gramática

La ortografía de los infinitivos

1. Completa las oraciones con la letra correcta.

I. Hoy va a n___var. ¿Quieres esquiar?

2. Si necesitas m___dir algo, usa esta regla.

3. Te vas a s___ntir mal si te comes todo el pastel.

4. Puedo ir a la fiesta, pero tengo que v___lver temprano.

5. ¿A qué hora van a t___ner la reunión mañana?

6. ¿Vas a ac___starte un rato?

7. Confío en Raquel porque sé que nunca me va a m___ntir.

8. Debo c___ntar el dinero que tengo en la cartera.

9. Todavía no sabemos si Tomás va a v___nir o no.

10. Corriste mucho. Mañana te van a d___ler las piernas.

2. Completa las oraciones con el infinitivo de los verbos subrayados.

I. Eva generalmente <u>atiende</u> a los clientes pero ahora no los puede _____.

2. La revista <u>cuesta</u> muy poco, pero este libro debe _____ mucho.

3. Te <u>recomiendo</u> que leas este libro. ¿Qué libro te va a _____ tu profesor?

4. Siempre <u>sueño</u> con mis amigos pero esta noche sé que voy a _____ con la película que vi.

5. Rafael nunca <u>se acuerda</u> de nada pero esta noche tratará de _____ de hacer la tarea.

6. Normalmente mi hermano no me <u>pide</u> perdón pero esta vez me lo tiene

que _____.

7. ¿No te <u>pruebas</u> los zapatos antes de comprarlos? Te los tienes que _____ en caso de que no te queden bien.

8. ¿Qué <u>quieren</u> hacer Marisol y Eduardo? A lo mejor van a _____ quedarse en casa.

COLECCIÓN 6 • AMPLIACIÓN

Hoja de práctica 6-D • Ortografía

Palabras con *d, l* y *r*

1. Completa las oraciones con la palabra correcta.

I. Los padres de Roberto no querían que él _____ al fútbol.
    a. jugara   **b.** jugada

2. Esta foto fue _____ en frente de la catedral.
    a. tomara   **b.** tomada

3. Si Susana lo _____ de verdad, no le diría esas cosas.
    a. amara   **b.** amada

4. Arturo canta en el _____ del colegio.
    a. coro   **b.** codo

5. No camines en la alfombra, que tienes _____ en los zapatos.
    a. loro   **b.** lodo

6. Queríamos visitar a Paulina pero ni _____, no había tiempo.
    a. moro   **b.** modo

2. Escribe las oraciones de nuevo, corrigiendo los errores ortográficos.

I. Me solprende que la falda sea tan cada. Es de algodón, no de sera.

_____

2. ¡Mida qué enolmes y fueltes son los todos!

_____

3. Voy a abril la puelta para que entre un poco de aide.

_____

4. Este invielno llovedá poco pero hadá mucho frío.

_____

5. Un señor en el palque nos padó para pedilnos direcciones.

_____

6. Hubo un helvidedo de gente frente a la cálcel.

_____

Hoja de práctica 6-E • Ortografía

∙ ∙

Los diptongos

1. Completa las oraciones con la palabra correcta.

1. Vimos un (buitre/biutre) en las montañas esta tarde.

2. De niño les tenía miedo a los (treunos/truenos).

3. ¿Qué nota sacaste en la (preuba/prueba)?

4. Mario tiene (trienta/treinta) y seis años.

5. (Gaurda/Guarda) tus fotos en un álbum.

6. ¿Qué noticias tienes sobre el (nuafragio/naufragio)?

7. Todavía no conozco muy bien la (cuidad/ciudad).

8. Fuimos a fotografiar la (fuana/fauna) exótica de Australia.

2. Escribe las oraciones de nuevo, corrigiendo los errores ortográficos.

1. Ten ciudado con el perro porque tiene poijos.

_____

2. Ojalá que no lleuva el día de la gradaución.

_____

3. Si no feura por las duedas que tenemos, compraríamos una casa.

_____

4. No me gusta el neuvo pienado de Cecilia.

_____

5. Suiza seimpre se mantiene nuetral cuando hay guerra.

_____

6. Me gusta tomar una seista a las cautro cada jueves.

_____

7. En neustra clase de historia somos viente estudiantes.

_____

Hoja de práctica 6-F • Ortografía
. . . .

Los hiatos

1. Completa las oraciones con la palabra correcta.

1. El _____ nos mostró su medalla de oro.
    a. campión   **b.** campeón

2. El señor casi se _____ en la piscina.
    a. ahogó   **b.** ahugó

3. Fernanda no se siente bien; está _____.
    a. mariada   **b.** mareada

4. Ten cuidado, que te puedes _____.
    a. cair   **b.** caer

5. Le llamé a Pablo pero la _____ estaba ocupada.
    a. línea   **b.** línia

2. Escribe las oraciones de nuevo, corrigiendo los errores ortográficos.

1. Desde que se peliaron sobre el estério, mis hermanos no se han vuelto a hablar.

_____

2. En rialidad, el problema de tráfico empioró con los nuevos autobuses.

_____

3. El maistro nos enseñó a ahurrar tiempo cuando lemos los ensayos.

_____

4. Se necesita mucha cordinación para disparar un cuhete.

_____

5. Las airomozas proven las bebidas durante el vuelo.

_____

6. Sólo vi al perro de riojo y casi lo atropellé.

_____

7. El riachuelo pasaba por el bosque serpiando lentamente.

_____